V&R

Vinzenz Heidrich / Bernd Lenkeit

Notfallmanagement

Ein Praxishandbuch für Schüler- und Jugendgruppen

Vandenhoeck & Ruprecht

Mit 43 Abbildungen

Bibliografische Information der Deutschen Nationalbibliothek

Die Deutsche Nationalbibliothek verzeichnet diese Publikation in der Deutschen Nationalbibliografie; detaillierte bibliografische Daten sind im Internet über http://dnb.d-nb.de abrufbar.

ISBN 978-3-525-70176-8

Weitere Ausgaben und Online-Angebote sind erhältlich unter: www.v-r.de

Satz: SchwabScantechnik, Göttingen
Druck und Bindung: ⊕ Hubert & Co., Robert-Bosch-Breite 6, 37079 Göttingen

Gedruckt auf alterungsbeständigem Papier.

Inhalt

Einleitung 7

1. Gefährdungspotenziale 11

1.1 Sommerlager / Klassenfahrt 11

1.2 Sicherheit auf dem Veranstaltungsgelände 12

1.3 Hygiene 13

1.4 Finanzielle Sicherheit 20

1.5 Technische Sicherheit 26

1.6 Teilnehmerschutz 30

1.7 Gefahrenpotenziale durch die Gruppe selbst 35

1.8 Was lernen wir daraus? 40

1.9 Literaturempfehlung 41

2. Sexualisierte Gewalt 43

2.1 Was ist sexualisierte Gewalt? 43

2.2 Was ist Kindeswohl? 44

2.3 Wie gehen Täter vor? 45

2.4 Kinder stark machen 46

2.5 Bundeskinderschutzgesetz und Präventionsordnung 46

2.6 Sexualpädagogik 53

2.7 Literaturempfehlung 57

3. Theoretische Grundlagen der Notfallpädagogik 58

3.1 Präventionsverständnis 58

3.2 Notfallmodus 59

3.3 Vom Stress zur PTBS ... 60
3.4 Von der Unmöglichkeit gelingender Kommunikation ... 61
3.5 Die Kopfschlag-Methode ... 63
3.6 Literaturempfehlung ... 65

4. Das Notfallmanagement-Konzept ... 66
4.1 Zeitplan ... 67
4.2 Risikoanalyse ... 73
4.3 Was ist ein Notfall? ... 82
4.4 Basis-Baustein »Notfallmappe« ... 83
4.5 Aufbau-Baustein 1: »Notfallmanager« (NfMan) ... 115
4.6 Aufbau-Baustein 2: »Notfallstab« (NfSt) ... 121
4.7 Evaluation ... 130
4.8 Technik ... 131
4.9 Literaturempfehlung ... 133

5. Handbuch Notfallmanagement ... 135
Register ... 136
1 Technik ... 137
2 Verhalten im Notfall ... 139
3 Einsatz des Notfallstabs ... 144
4 Presse / Kontakte ... 150

Abkürzungen ... 153

Literatur ... 154

Download-Material ... 158

Code für Download-Material ... 160

Einleitung

Immer wieder kommen Gruppenleiterinnen und -leiter, Lehrerinnen und Lehrer, Mitarbeiterinnen und Mitarbeiter in der Kinder- und Jugendarbeit mit Notfällen in Berührung. Kleine Alltagsprobleme, aber auch schwere Unfälle, Infektionen und Fälle sexualisierter Gewalt bilden das Themenspektrum, auf das sich die verantwortlichen Personen vorbereiten müssen.

Oft resultieren solche Notfälle aus Mängeln bei der Vorbereitung, in der das Spektrum möglicher Gefahren nicht deutlich ist. Immer häufiger gibt es staatliche Regelungen, mit denen der Gesetzgeber bestimmte Handlungsweisen in Notfällen vorschreibt. Durch die damit größer werdende Regelungsdichte, die auch den semiprofessionell gestalteten Bereich der Kinder- und Jugendarbeit immer mehr prägt, sind die Anforderungen an die verantwortlichen Personen in den letzten Jahren immens gestiegen.

Nicht wenige Organisationen beschäftigen sich z. B. mit der Fragestellung, ob etwa ein Kuchenbuffet bei einem Schulfest aus hygienischen Gründen überhaupt noch verantwortbar ist. Jahrelang hat es die finanzielle Grundlage für die Arbeit eines Fördervereins gebildet. Im Zweifel fällt die Entscheidung – manchmal auch aus Unwissenheit – gegen das Buffet und damit auch gegen viele Möglichkeiten häufig ehrenamtlich getragener Aktivitäten.

Wir sind durch jahrelange ehrenamtliche und hauptberufliche Erfahrungen in der Kinder- und Jugendarbeit geprägt. Vor diesem Hintergrund sind wir der Meinung, dass traurige Entscheidungen wie im genannten Beispiel vermieden werden müssen. Die gesetzlichen Vorgaben sind dazu da, Qualitätsstandards zu erhöhen. Sie sollen allen Beteiligten nutzen und sie nicht blockieren. In den letzten Jahren waren wir maßgeblich daran beteiligt, bei der Deutschen Pfadfinderschaft Sankt Georg ein Notfallmanagement-System (NfMS) aufzubauen, das Ehrenamtlichen bei ihren Aktivitäten den nötigen Rückhalt bietet. Dieses Konzept und die dabei gewonnen Erfahrungen bilden die Grundlage für dieses Buch.

Im ersten Kapitel werden wichtige Gefahrenpotenziale und damit verbundene gesetzliche Anforderungen einfach und verständlich beleuchtet.

Das zweite Kapitel ist dem in der Kinder- und Jugendarbeit derzeit sehr aktuellen Thema »Sexualisierte Gewalt« gewidmet. Mit dem neuen Bundeskinderschutzgesetz (2012), der Präventionsordnung der Katholischen Kirche, die in allen Bistümern verbindlich ist, sowie den bundesweit gültigen Leitlinien der Evangelischen Kirche wurden große Anstrengungen unternommen, Kinder- und Jugendliche vor Gewalt zu schützen. Die unterschiedlichen Träger der Jugendhilfe sind aufgefordert, sich mit dem Thema zu beschäftigen und Schutzkonzepte zu entwickeln. Das Buch versteht sich auch als Vorlage für ein institutionelles Schutzkonzept.

Ganz ohne Theorie geht es nicht: Im dritten Kapitel werden daher wesentliche Elemente eines Präventionsverständnisses vorgestellt. Vor dem Hintergrund, dass eine »sichere Veranstaltung« wesentlich von einer guten Kommunikation der Beteiligten abhängig ist, werden wenige grundlegende Theorien praxisnah vermittelt.

Das vierte Kapitel beschreibt dem Umgang mit dem Ernstfall, der trotz guter Vorbereitung nie verhindert werden kann. Es wird deutlich, wie ganz einfach umsetzbare Modelle für ein Notfallmanagement aussehen können. Dabei werden unterschiedlich strukturierte Organisationen vom Veranstalter vor Ort bis zum überregional arbeitenden Verband in den Blick genommen.

Das fünfte Kapitel bietet eine direkt einsetzbare Praxishilfe für alle an einem Notfallmanagement beteiligten Personen und für deren konkrete Bearbeitung. Es ist angelehnt an die Bausteine aus dem vierten Kapitel.

Am Ende eines jeden Kapitels findet sich ein Literaturverzeichnis, das Hinweise zur Vertiefung der einzelnen Themen bietet.

In dieser Einleitung ist immer das männliche *und* das weibliche Geschlecht der genannten Personen angeführt worden. Uns ist bewusst, dass damit nicht die Vielfalt der existenten Geschlechter abgebildet werden kann. Im weiteren Verlauf dieses Buches werden die weibliche und die männliche Form abwechselnd genannt, um den Lesefluss bestmöglich zu gestalten. Alle Menschen sind eingeladen, sich angesprochen zu fühlen.

Herzlichen Dank!

An der Entstehung dieses Buches waren neben uns als Autoren noch andere Menschen beteiligt, die uns in unterschiedlich Weise unterstützt haben. Wir bedanken uns ganz herzlich bei Christa Heidrich und Raimund Heidrich, Julia Kamphus, Franziska Lenkeit, Sebastian Zeis, Paul Bücker, Nicola Lenkeit und dem DPSG Diözesanverband Münster.

Münster, im Mai 2015
Vinzenz Heidrich, Bernd Lenkeit

1. Gefährdungspotenziale

1.1 Sommerlager / Klassenfahrt

Das erste Kapitel beginnt damit, mögliche Gefahren einer Veranstaltung in den Blick zu nehmen. Bei diesem sehr pessimistischen Ansatz könnte man auch gleich die Frage stellen, ob wir unsere Pläne für ein Sommerlager oder unsere Klassenfahrt oder eine andere Großveranstaltung, nicht direkt begraben und einfach zuhause bleiben sollten. Ist das Risiko nicht viel zu hoch?

Wir sagen ganz deutlich: Nein! Macht weiter mit euren großartigen Veranstaltungen! Viele tausend Kinder und Jugendliche kehren in jedem Jahr glücklich und zufrieden und vor allem unverletzt von Veranstaltungen der Kinder- und Jugendarbeit nach Hause zurück. Mit diesem Kapitel möchten wir Themen beleuchten, die vielfach nicht neu sind und in der Regel auch bereits beachtet werden. Dennoch geraten sie in der Alltagsroutine schon mal leicht aus dem Blickfeld. Schließlich ist es kein höheres Wissen, dass man sich an einem Stacheldrahtzaun direkt neben dem Lagerplatz verletzen kann. Außerdem sind Themen wie ›Aufsichtspflicht‹, ›Jugendschutz‹ und ›Versicherung‹ Bestandteil jeder Gruppenleitungsschulung.

Macht weiter mit euren großartigen Veranstaltungen!

In den letzten Jahren haben auch in der Kinder- und Jugendarbeit eine Vielzahl von neuen Richtlinien und Regelungen Einzug gehalten. Nicht wenige ehrenamtliche Leiterinnen beklagen, dass es kaum noch möglich ist, diese Themen in ihrer Gesamtheit zu verstehen.

Abb. 1: Gesetze können verunsichern

Wir zeigen hier eine einfache Möglichkeit auf, alle notwendigen Anforderungen systematisch zu erfassen. Diese sind in einzelnen Themenbereichen gebündelt. Neben dieser Aufgabe bleibt noch genügend Zeit, die Veranstaltung inhaltlich zu planen – versprochen!

1.2 Sicherheit auf dem Veranstaltungsgelände

Abb. 2: Typische Zeltstadt

Wird für die Veranstaltung ein festes Haus gebucht, ist davon auszugehen, dass alle Gefährdungen, die in diesem Gebäude entstehen können, bereits erfasst sind und die gesetzlich notwendigen Vorsichtsmaßnahmen wie Fluchtwege, Feuerlöscher, Brandschutztüren bereits ergriffen sind. Es sollte trotzdem eingeplant werden, zumindest einen kurzen Blick auf die Notfalleinrichtungen zu werfen.

Anders stellt sich die Situation dar, wenn ein Areal eigens für eine Veranstaltung genutzt wird und durch den Veranstalter erst entsprechend hergerichtet werden muss. Das gilt z. B. für eine Wiese, die ein Landwirt einer Jugendgruppe für ein Zeltlager zur Verfügung stellt. Folgende mögliche Gefahren, aber auch Vorteile können sich ergeben:

Ein kurzer Blick auf die Notfalleinrichtungen.

- Beschaffenheit des Geländes selbst: Stolperfallen, giftige Pflanzen, ungesicherte elektrische Leitungen, Sonnenstichgefahr durch fehlenden Schatten,
- Lage des Veranstaltungsgeländes: Nähe zu Straßen, Gewässern, Steinbrüchen, Bahnstrecken,
- schwierige oder besonders gute Zufahrtsmöglichkeiten für Rettungsfahrzeuge,
- Mängel in den vorhandenen Sicherheitseinrichtungen z. B. unvollständige Erste-Hilfe-Kästen, nicht nutzbare Rettungswege, Feuerlöscher, deren Prüffrist abgelaufen ist,
- Infrastruktur um das Gelände: z. B. Wohngebiete, die im Bereich Lärmschutz besonders beachtet werden müssen, oder öffentliche Gebäude, wie Turnhallen, die sich möglicherweise als Notunterkunft eignen.

Für eine systematische Erfassung des Veranstaltungsortes steht im → Kapitel 4 ein entsprechendes Dokument zur Verfügung.

1.3 Hygiene

Bei vielen Veranstaltungen in der Kinder- und Jugendarbeit versorgen sich die Teilnehmer selbst oder werden von einem eigenen Kochteam versorgt. Bei Schul- und Vereinsfesten werden Grillstände und Tische mit selbstgebackenem Kuchen aufgebaut und führen so zu einer preiswerten, oft sehr liebevoll und individuell produzierten Gemeinschaftsverpflegung, die niemand missen möchte. Nicht zuletzt bildet sie auch die finanzielle Grundlage für viele Fördervereine. Zahlreiche gesetzliche Regelungen und Vorschriften örtlicher Gesundheitsämter führen dabei immer wieder zu großer Verunsicherung und dazu, dass gerade ehrenamtliche Mitarbeiterinnen resigniert aufgeben. Sie möchten sich den Risiken, die sich ergeben können, nicht mehr stellen. Letztlich haben alle Vorschriften nur das Ziel, eine bestmögliche Hygiene bei der Verpflegung zu erreichen. Unter diesem Blickwinkel stellen wir uns den unterschiedlichen Anforderungen mit dem Ziel, Personen, die im nicht professionellen Bereich arbeiten, mit dem nötigen Wissen, aber auch mit der nötigen Sicherheit auszustatten. In diesem Kapitel werden zunächst die wichtigsten Anforderungen beschrieben und praxistaugliche Umsetzungsmöglichkeiten benannt.

Das Ziel jeder Hygiene ist immer, mögliche Infektionen zu vermeiden.

Hygiene erstreckt sich dabei nicht nur auf den Bereich der Verpflegung, sondern auch auf die Körperhygiene der Teilnehmer. Das Ziel jeder Hygiene ist immer, mögliche Infektionen zu vermeiden.

Abb. 3: Vorschriftsmäßige Zeltlagerküche

Für die konkrete Ausgestaltung gibt es zahlreiche Informationsbroschüren von Vereinen, Dachverbänden, aber auch von Ministerien. Sie bieten eine gut strukturierte Grundlage für eine Vertiefung und außerdem einen umfassenden Handlungsleitfaden für die konkrete Umsetzung von Hygieneschutzmaßnahmen.

Veranstaltungsort

Wie in allen anderen hier genannten Bereichen ergeben sich auch im Bereich der Hygiene wesentliche Aufgaben für die Veranstaltung durch die Wahl des Ortes. Die Bandbreite erstreckt sich von einer Jugendgruppe während eines Wanderlagers mit Kochen und Übernachten im Zelt bis hin zu einem Schulfest, für das eine gut ausgestattete Küche zur Verfügung steht. Hierzu sei bemerkt, dass es einerseits sehr gut umsetzbare Möglichkeiten gibt, ein Wanderlager in einem hygienisch einwandfreien Zustand durchzuführen, andererseits aber auch nicht jeder Kühlschrank im Vereinshaus so sauber ist, wie er es sein sollte.

Grundsätzlich bietet fast jeder gewählte Ort die Möglichkeit, Speisen unter hygienisch korrekten Bedingungen zu verzehren. Einschränkungen greifen vor allem dann, wenn Speisen zubereitet werden und dabei viele Zutaten miteinander kombiniert werden müssen.

Aufbewahrung von Lebensmitteln

Der Aufbewahrung von Lebensmitteln kommt eine besondere Bedeutung zu. Je professioneller die Aufbewahrung gelöst ist, desto besser ist verständlicherweise der hygienische Standard. So ist eine originalverpackte und vakuumverschweißte Salami, die zudem nicht gekühlt werden muss, oder eine ungeöffnete H-Milch im Tetrapack völlig unproblematisch. Solche Lebensmittel können bedenkenlos an die einzelnen Teilnehmerinnen eines Wanderlagers zum Transport in eigenen Rucksäcken verteilt werden, um sie dann während der Mittagspause gemeinsam zu verzehren. Problematisch wird es erst, wenn ein nicht ordentlich verpackter Rest der Salami nach der Pause im gleichen Rucksack zwischen schmutziger Wäsche landet. Hier können beispielsweise an alle Teilnehmer ausgegebene leichte Beutel weiterhelfen, die nur für den Transport von Lebensmitteln benutzt werden. So können auch empfindliche Umverpackungen geschützt werden.

Alle Lagerorte und Transportbehältnisse für Lebensmittel müssen geeignet und sauber sein.

Die entscheidenden Hinweise für Transportmöglichkeiten von Lebensmitteln ergeben sich durch die auf den Verpackungen angebrachten Produkthinweise. Die dort angegebenen Aufbewahrungstemperaturen und das Mindesthaltbarkeitsdatum sind bindend. Über die Sinnhaftigkeit des Mindesthaltbarkeitsdatums gibt es mittlerweile viele Studien. Diese besagen, dass viele Waren deutlich länger haltbar sind. Es ist auch nur ein Mindesthaltbarkeitsdatum und kein Ablaufdatum. Dennoch ist es zu empfehlen, für öffentliche Veranstaltungen immer auf Waren zurückzugreifen, die vor dem Ablauf der aufgedruckten Mindesthaltbarkeit verzehrt werden können. Bei einer guten Einkaufsplanung sollte es kein Problem darstellen, nur solche Waren zu verwenden.

Alle Lagerorte und Transportbehältnisse für Lebensmittel müssen geeignet und sauber sein, die gelagerten Lebensmittel müssen vor äußeren Einflüssen wie Hitze, Wasser und Schmutz geschützt werden. Ein ordentlich und übersichtlich gelagerter Lebensmittelbestand erleichtert zudem den Einkauf. Grundsätzlich sollte die Lagerdauer bei allen Lebensmitteln möglichst kurz gehalten werden.

Die nächste Problemstufe wird erreicht, wenn Waren verwendet werden, die gekühlt werden müssen. Grundsätzlich gilt, dass solche Waren nur zum Verzehr geeignet sind, wenn die sogenannte ›Kühlkette‹ eingehalten werden kann. Das bedeutet, dass die Waren vom Einkauf über den Transport, während der Lagerung bei der Veranstaltung und bis zu ihrer Weiterverarbeitung bei der angegebenen Temperatur aufbewahrt werden müssen. Bei Fertigprodukten gilt das natürlich bis zum Verzehr. Für den Transport von Waren nach dem Einkauf bieten sich entsprechende Kühlbehälter und Kühlakkus an, die in vielen Großmärkten gegen Pfand ausleihbar sind. Auch entsprechende kleine Lösungen für Wanderungen sind denkbar. Kühl- und Gefrierschränke müssen vor Gebrauch gut gereinigt werden und außerdem verlässlich funktionieren. In diesem Zusammenhang sind selbstgebaute Kühlschränke in Erdlöchern oder das Kühlen in Bächen sehr kritisch zu bewerten.

Wenn gekaufte Waren nicht direkt verzehrt, sondern vorher noch weiterverarbeitet werden, müssen besondere Regeln eingehalten werden, die im Bereich der Verarbeitung von Lebensmitteln gelten. Außerdem werden besondere Anforderungen an die Personen gestellt, die mit der Verarbeitung zu tun haben.

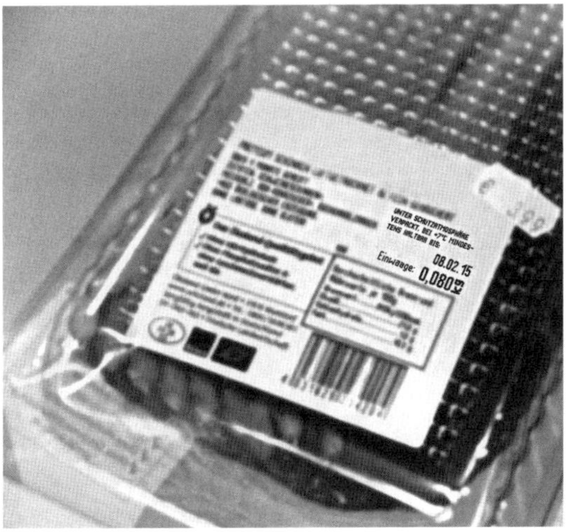

Abb. 4: Wichtig: das Mindesthaltbarkeitsdatum

Umgang mit Abfall

Erfahrungsgemäß entstehen im Zusammenhang mit der Verpflegung die größten Abfallmengen bei Veranstaltungen. So beginnt ein gutes Abfallmanagement mit Abfallvermeidung. Das klingt nach dem eben Gesagten natürlich schwer umsetzbar, denn Originalverpackungen bieten in der Regel die größtmögliche Sicherheit für Transport und Lagerung, verursachen aber auch den meisten Müll. Wiederverwertbare Behältnisse sind nur so gut, wie sie gereinigt werden. Unter Berücksichtigung der Regeln für die Lagerung von Lebensmitteln wird deutlich, dass eine vollständige Vermeidung von Müll kaum zu realisieren ist. Vor dem Hintergrund, dass die Verpflegung in der Regel nicht von Profis geleistet wird, sollte der Weg gewählt werden, der die bestmögliche Hygiene gewährleistet. Das ist kein Freibrief für grenzenlose Abfallproduktion. Es geht um einen bewussten Blick bei der Planung und beim Einkauf selbst.

Ein gutes Abfallmanagement beginnt mit Abfallvermeidung.

Es ist selbstverständlich, dass Müll sachgerecht entsorgt werden muss und auf gar keinen Fall in der Natur entsorgt werden darf. Das gilt auch für Abwasser. Es sind die örtlichen Regeln vor allem zur Trennung von Abfall zu beachten. Abfall kann nicht immer vom Gelände weg entsorgt werden. Daher muss auch die Lagerung so organisiert werden, dass die Behälter dicht schließen und der Müll nicht von unliebsamen Tieren wie Ratten, Wespen und Fliegen aufgesucht werden kann. Abfallbehälter müssen räumlich deutlich abgetrennt vom Küchen- und Aufenthaltsbereich stehen. Falls keine entsprechenden Behältnisse vorhanden sind, kann auch das örtliche Entsorgungsunternehmen weiterhelfen. In Küchen und Aufenthaltsräumen vorhandene Müllbehälter müssen täglich geleert und in der Regel auch gereinigt werden.

Abb. 5: Fest geschlossene Mülltonnen – Müll wird getrennt

Verarbeitung und Ausgabe von Lebensmitteln

Die Verarbeitung von Lebensmitteln beginnt, wenn sie nach sachgerechtem Transport und entsprechender Lagerung aus ihrer Transportverpackung genommen werden, und endet, wenn sie auf dem Teller der Person landen, die sie verzehrt. Häufig werden bei Veranstaltungen in der Kinder- und Jugendarbeit, z. B. im Ferienlager, Teilnehmer oder Leiterinnen gebeten, beim Kleinschneiden von Gemüse und anderen Lebensmitteln mitzuhelfen. Oft ist es auch ein wesentlicher Bestandteil der Unternehmung, gemeinsam zu kochen. Aus Sicht der Hygiene gehören diese Personen direkt zum Küchenpersonal. Ein anderer Fall ist das klassische Kuchenbuffet beim Sommerfest eines Fördervereines. Wenn Kuchen von Spendern zuhause zubereitet werden, befindet sich die Küche nicht mehr im kontrollierbaren Bereich der Veranstaltung. Das gilt auch für den Transport.

Abb. 6: Hygiene an der Würstchentheke

Das sogenannte hygienerechtliche Hauptgebot (§ 3 der Lebensmittelhygieneverordnung [LMHV]) sagt aus, dass Lebensmittel nur so hergestellt, behandelt und in den Verkehr gebracht werden dürfen, dass sie bei der Beachtung erforderlicher Sorgfalt keinen Schaden nehmen, sprich: dass die Lebensmittel durch äußere Einflüsse nicht schädigend beeinflusst werden. Außerdem muss das Zubereitungsverfahren für die jeweils verwendeten Lebensmittel geeignet sein (§ 2 Nr. 2 LMHV).

Die LMHV schreibt zudem allen, die in einer Einrichtung zur Gemeinschaftsverpflegung Lebensmittel herstellen und behandeln oder in den Verkehr bringen, die Einführung eines eigenen Kontrollsystems vor, ein sogenanntes ›HACCP-Konzept‹. HACCP heißt ›Hazard Analysis and Critical Control Point‹ und beschreibt Hygienestandards, die Identifizierung bedeutender gesundheitlicher Gefahren und deren Beherrschung durch ein festgelegtes System.

Ein ›HACCP-Konzept‹ für ein Ferienlager muss keine Angst machen.

Letztlich bedeutet dies, dass die für die Veranstaltung Verantwortlichen, insbesondere das Küchenpersonal, den Arbeitsplatz ›Zeltlagerküche‹ oder ›Kuchenbuffet‹ unter Berücksichtigung der im Folgenden dargestellten Hygienebereiche unter die Lupe nehmen müssen. Auf diese

Weise können Schwachstellen identifiziert und die Lebensmittelsicherheit verbessert und intern kontrolliert werden.

Ein ›HACCP-Konzept‹ für ein Ferienlager muss keine Angst machen, sollte aber auch mit dem nötigen Respekt beachtet werden. Schließlich gibt es in nicht professionell geführten Küchen immer wieder problematische hygienische Situationen, die nicht selten auch zu Krankheiten der Teilnehmer führen. Wir können uns an dieser Stelle gut von der folgenden Regel leiten lassen:

> »Die HACCP-Anforderungen sollten so flexibel sein, dass auch kleine Betriebe sie in allen Situationen anwenden können. In manchen Fällen kann eine gute Hygiene-Praxis die Überwachung der kritischen Kontrollpunkte ersetzen. Die Maßnahmen sollen verhältnismäßig bleiben, kleine Betriebe keinem übermäßigen Aufwand ausgesetzt sein.«[1]

Persönliche Hygiene

Persönliche Hygiene verhindert, dass Keime und Krankheitserreger vom Menschen auf die zuzubereitenden Lebensmittel übertragen werden. In diesem Zusammenhang sind zu nennen:

- gründliches Händewaschen,
- das Abdecken von Wunden,
- das Vermeiden von Niesen und Husten auf Lebensmittel,
- das Ablegen von Handschmuck und
- das Zurückbinden von Haaren.

Abb. 7: Auch persönliche Hygiene ist wichtig

Küchenhygiene

Schmutz in Ritzen oder ein benutzter Spüllappen sind ein sehr guter Nährboden für Mikroben. Daher ist die regelmäßige Reinigung aller Bereiche in der Küche notwendig, schon um Schmutz fernzuhalten und ein Festsetzen an schwer zugänglichen Stellen zu verhindern. Auch dem Bereich, in dem Speisen ausgegeben werden oder als Buffet angeboten werden, muss die entsprechende Beachtung geschenkt werden. Folgende Grundregeln müssen eingehalten werden:

1 Industrie- und Handelskammer Kassel, 2006.

- Küchengeräte, Arbeitsflächen,
- Küchenboden und Küchenutensilien direkt nach Gebrauch reinigen,
- zerkratzte Brettchen austauschen,
- Tücher und Lappen mindestens täglich wechseln

Die regelmäßige Reinigung aller Bereiche der Küche ist notwendig.

Lebensmittelhygiene

Lebensmittel sind in unterschiedlicher Weise für Krankheitserreger anfällig. Daher ist eine Arbeitsweise wichtig, die vermeidet, dass sich auf herausgegebenen Lebensmitteln Keime befinden. Dazu müssen die folgenden Grundregeln beachtet werden:
- Obst und Gemüse gründlich waschen,
- leicht verderbliche Lebensmittel kühlen,
- Gefriergut vollständig auftauen lassen und Auftauflüssigkeit entsorgen,
- Fleisch, Geflügel und Fisch getrennt von anderen Lebensmitteln zubereiten,
- Geflügel, Hackfleisch, Fisch und Eierspeisen ganz ›durchbraten‹,
- Speisen nach der Zubereitung bis zum Verzehr heiß (über 60 °C halten),
- Speisen in möglichst flachen Behältern kühlen,
- Wiedererhitzen auf mindestens 70 °C,
- beim Lagern rohe und erhitzte Speisen getrennt halten,
- gegarte Speisen nicht mit der Hand anfassen.

Personelle Voraussetzungen

Die Personen, die für die Verpflegung bei einer Veranstaltung verantwortlich sind, müssen keine ausgebildeten hauswirtschaftlichen Fachkräfte oder Köche sein. Sie sollten sich aber mit den Hygieneregeln, die hier aufgeführt sind, in besonderer Weise vertraut machen und während der Veranstaltung auch als Anwalt für diese Themen auftreten, die erfahrungsgemäß nicht allen Teilnehmerinnen oder Leitern am Herzen liegen. In diesem Zusammenhang notwendige Pflichten finden sich im Abschnitt → ›Gesetzliche Grundlagen‹.

Körperhygiene

Körperhygiene ist ein Thema sowohl für die Teilnehmer als auch für die Personen, die bei der Veranstaltung besondere Aufgaben übernehmen. Sie beginnt bei einer der Personenanzahl entsprechend vorhandenen WC-Anlage und Wasch- bzw. Duschmöglichkeiten. Diese müssen so beschaffen sein, dass sie leicht gereinigt werden können. Es müssen Personen benannt sein, die diese Aufgabe verlässlich, bei Bedarf auch mehrmals täglich, mit entsprechend vorhandenen Reinigungsmitteln und Geräten erledigen. Handwaschbecken in den Bädern müssen mit Einmalhandtüchern und Flüssigseife ausgestattet sein. Bei der Betreuung von Kindern ist es auch eine Aufgabe, im Rahmen der Aufsichtspflicht darauf zu achten, dass sich die Anvertrauten regelmäßig waschen.

Die Anzahl der Reinigungsmittel sollte möglichst gering gehalten werden.

Die Frage nach den richtigen Reinigungsmitteln lässt sich schwer beantworten. Grundsätzlich gilt, dass Reinigungsmittel nur dann die entsprechende Wirkung erzielen, wenn sie auch gemäß der Anleitung dosiert angewendet werden. Die Anzahl der Reinigungsmittel sollte möglichst gering gehalten werden, damit sie auch für die Benutzer überschaubar bleibt. In der Regel genügt ein Sanitärreiniger für die Reinigung von Bädern, ein Reiniger, der für Arbeitsflächen in Küchen geeignet ist, ein Allzweckreiniger für Böden und ein Spülmittel. Reinigungstücher müssen in ausreichender Zahl mitgenommen werden und nach Gebrauch gewaschen werden. In vielen Orten gibt es Fachmärkte, in denen auch Reinigungsunternehmen ihre Mittel einkaufen. Unerfahrene Leiterinnen von Ferienlagern können sich dort beraten lassen. Vielleicht ergibt sich dabei die eine oder andere Sponsoring-Möglichkeit.

1.4 Finanzielle Sicherheit

Vor dem Hintergrund, dass die Durchführung einer Veranstaltung grundlegend davon abhängt, ob sie finanziell abgesichert ist, wird auch diesem Thema ein Abschnitt gewidmet. Es geht dabei um keinen kaufmännischen oder betriebswirtschaftlichen Grundkurs, sondern um die Darstellung der wichtigsten Aufgaben, für die im vierten Kapitel entsprechende Formulare vorliegen, die das Thema Finanzen auch für Laien zu einer lösbaren Aufgabe machen. Bei der finanziellen Abwicklung gehen wir in den drei Schritten vor: Planung, Durchführung und Abrechnung.

Planung

Die Planung beginnt damit, dass zu Beginn überlegt und aufgeschrieben wird, in welchen Bereichen der Veranstaltung Kosten entstehen und welche Möglichkeiten es gibt, diese mit Geld- oder Sachmitteln zu decken. Für eine Gliederung dieser Kosten bietet sich folgende Unterteilung an:

- Unterkunft und Verpflegung,
- Fahrtkosten,
- Programmkosten,
- Vorbereitungskosten,
- Öffentlichkeitsarbeit,
- Versicherungen,
- Unvorhergesehenes,
- Sonstiges.

Diese Aufstellung betrifft die unmittelbaren Kosten, die während der Veranstaltung und bei der Vorbereitung anfallen. Hinzu kommen aber noch Kosten für Materialverschleiß. Veranstaltungsmaterial (z. B. Zelte und Küchenmaterial) muss, bedingt durch die Abnutzung, ersetzt oder repariert werden. Es ist daher zu empfehlen, bei wiederkehrenden Veranstaltungen den Betrag für Materialverschleiß anzusetzen, der im Durchschnitt pro Jahr anfällt.

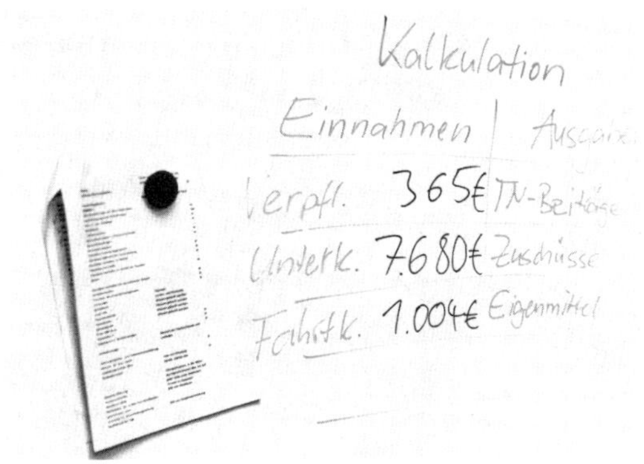

Abb. 8: Kostenkalkulation einer Veranstaltung: übersichtlich und transparent

Die hier vorgeschlagene Unterteilung findet man auch auf vielen Abrechnungsformularen von Zuschussgebern. So oder in ähnlicher Form erleichtert sie daher auch die spätere Abrechnung. Zur Deckung der Kosten sind in der Regel folgende Positionen zu erwarten:

- Teilnahmebeiträge,
- Eigenmittel des Veranstalters,
- Öffentliche Zuschüsse
  - teilnehmerbezogene Mittel,
  - Mittel für die Anschaffung von Materialien,
- Geldspenden,
- Sachspenden.

Für die Kalkulation der Veranstaltung steht im Download ein Arbeitsblatt **Kalkulation und Liquiditätsplanung** zur Verfügung, worin sehr einfach alle veranstaltungsrelevanten Daten eingetragen werden können, was dann zur Ermittlung des Teilnehmerbeitrags und des Eigenanteils für den Veranstalter führt. Der Punkt ›Unvorhergesehene Kosten‹ ist unter dem Aspekt des finanziellen Risikos wichtig. Je nach Art der Veranstaltung und der Möglichkeit einer anderweitigen finanziellen Absicherung liegen Erfahrungswerte zwischen fünf und zehn Prozent der Gesamtkosten.

Neben dieser Planung ist unter dem Aspekt der Sicherheit auch die Frage wichtig, wann welche Geldeingänge kommen und wann welche Rechnungen fällig sind. Eine Liquiditätsplanung (›Zahlungsfähigkeitsplanung‹) ist mit Hilfe eines Zeitstrahls möglich, in den ausgehend von einer eventuell vorhandenen Veranstaltungsrücklage alle Zahlungen und Geldeingänge eingetragen werden. Auch dafür steht das Arbeitsblatt **Kalkulation und Liquiditätsplanung** zur Verfügung.

Abb. 9: Finanzen immer im Auge behalten

Teil der Planung ist auch die Suche nach Mitteln, die dazu dienen können, dass die Teilnehmerinnen selbst einen möglichst geringen Betrag aufwenden müssen oder dass der Eigenanteil des Veranstalters möglichst gering bleibt. Oftmals kommen hier öffentliche Zuschüsse oder Mittel von Stiftungen in Frage, für die es Antragsfristen gibt. Schon vor diesem Hintergrund ist es sinnvoll, mit den ersten Überlegungen für die Planung je nach Umfang der Veranstaltung bereits weit im Voraus zu beginnen. Arbeitshilfen zum Thema *Sponsoring* sind in der → Literaturempfehlung (S. 42) genannt.

Zur vertiefenden Betrachtung des finanziellen Risikos ist es außerdem möglich, ein *Worst-Case-Szenario* zu erstellen. Dazu bietet es sich an, innerhalb des Leitungsteams eine Liste mit Negativereignissen zu erstellen, die während der Veranstaltung, aber auch im Vorfeld und hinterher eintreten können. Im nächsten Schritt wird versucht, die finanzielle Auswirkung auf den Veranstalter zu beziffern. Die finanziellen Folgen für andere bleiben unberücksichtigt.

Drei Schritte der finanziellen Abwicklung: Planung, Durchführung und Abrechnung.

Um das finanzielle Risiko, dass solche Ereignisse mit sich bringen, möglichst gering zu halten oder es zu decken, gibt es folgende Möglichkeiten:

- Die eigene Organisation oder eine Dachorganisation ist bereit, den Schaden bei bestimmten Ereignissen zu tragen.
  Beispiel: Eine Kirchengemeinde, in der jährlich mehrere Ferienlager stattfinden, übernimmt das Risiko für die Zerstörung von Zelt- und Küchenmaterial und hat dafür eine Rücklage gebildet.
- Das Risiko kann über eine entsprechende Versicherung abgedeckt werden, und die Höhe der zu zahlenden Versicherungsprämie ist finanziell vertretbar.
  Beispiel 1: Für die Durchführung einer Veranstaltung werden private Pkws benötigt. Der Veranstalter schließt eine Tages-Kasko-Versicherung für diese Fahrzeuge ab, die finanziell vertretbar ist.
  Beispiel 2: Einzelne Gruppenleiter oder Lehrer möchten ihre eigene, sehr teure Fotoausrüstung zur Dokumentation der Veranstaltung mitnehmen. Die zur Absicherung der Ausrüstung notwendige Versicherung ist im Verhältnis zu anderen Ausgaben zu hoch und nur durch höhere Teilnahmebeiträge darstellbar. Der Veranstalter schließt keine Versicherung ab, stellt eine eigene günstige Kamera zur Verfügung und weist die Gruppenleiter darauf hin, dass er für Schäden an der privaten Fotoausrüstung nicht aufkommen wird.
- Der Eintritt des Ereignisses ist möglich und als unvorhergesehene Ausgabe in der Kalkulation darstellbar.
  Beispiel: Da Regenwetter während eines Sommerlagers sehr wahrscheinlich ist, werden als außerplanmäßige Ausgabe zwei weitere Hallenbadbesuche für alle Teilnehmer berücksichtigt.
- Eine bestimmte Unternehmung kann nicht stattfinden, da das finanzielle Risiko zu hoch ist und es keine Deckungsmöglichkeit gibt.
  Beispiel: Für ein Konzert wird eine Band angefragt, die eine sehr hohe Gage verlangt. Aufgrund der Ungewissheit, ob genügend Besucher kommen und der somit unsicheren Einnahmesituation wird mit der Band kein Vertrag geschlossen. Falls es keine günstigere Alternative gibt, wird die Veranstaltung abgesagt.

Bei der Gesamtbetrachtung möglicher Negativ-Ereignisse ist zu beachten, dass die Wahrscheinlichkeit für einen Eintritt *aller* Ereignisse während einer Veranstaltung sehr gering ist. Wichtig ist eine realistische Einschätzung, bei der man sich gut der eigenen Erfahrung oder der Erfahrung ähnlicher Gruppen bedienen kann.

Aus den eben genannten Beispielen wird deutlich, dass das Thema ›Versicherungen‹ ein weiterer Bereich ist, der betrachtet werden muss. Viele Organisationen, wie Kirchen oder große Verbände, haben bereits Rahmenversicherungen für ihre Mitglieder abgeschlossen. Im Bereich der Schulen oder für hauptberufliche Mitarbeiter gilt ein gesetzlicher Versicherungsschutz. Neben diesen bestehenden Versicherungen gibt es die Möglichkeit, weitere Risiken über Einzelversicherungen abzusichern. Es ist also wichtig, sich im Vorfeld der Veranstaltung über den bestehenden Versicherungsschutz sowohl für Personen als auch für Sachen zu informieren. Da das Thema insgesamt sehr weitreichend ist, sind in der Literaturempfehlung (S. 42) Bücher und Schriften genannt, die es leicht ermöglichen, das Thema zu vertiefen.

Durchführung (Überwachung)

Nach der Planung der Finanzen, die bestenfalls durch ein Leitungsgremium genehmigt wird, gibt es nun genügend Sicherheit für die Durchführung der Veranstaltung. Aus finanzieller Sicht beginnt die Durchführung bereits mit der Vorbereitung: Teams treffen sich zur Planung, Anzahlungen werden fällig und die Teilnahmebeiträge gehen auf dem Konto des Veranstalters ein. Die wesentliche Aufgabe der für die Finanzen zuständigen Person ist in dieser Phase die Überwachung der aufgestellten Planung. Regelmäßig muss überprüft werden, ob die tatsächlichen Zahlungen mit den Planwerten übereinstimmen. Leider wird häufig übersehen, dass bei Abweichungen möglicherweise auch Korrekturen vorgenommen werden müssen. Entscheidend ist hier Transparenz. Die für die Finanzen zuständige Person muss solche Veränderungen kommunizieren. Es ist aber genauso notwendig, dass alle anderen an der Veranstaltung beteiligten Verantwortlichen ein Bewusstsein für die Kosten entwickeln und solche *Reportings* auch einfordern.

Alle Veranstalter haben die Pflicht, die Veranstaltung (auch buchhalterisch) in angemessener Weise zu dokumentieren. Diese Pflicht ergibt sich häufig schon durch Anforderungen von Zuschussgebern, vor allem aber durch die Notwendigkeit der Rechenschaft gegenüber dem eigenen Träger und einer Entlastung der für die Veranstaltung verantwortlichen Personen. Die Art und Weise der Buchhaltung ist nicht festgelegt. Sie muss nur angemessen sein. Sowohl ein handgeschriebenes Kassenbuch, eine selbstentwickelte Excel-Tabelle als auch ein käuflich erworbenes Buchhaltungsprogramm sind möglich. Letztlich ist die Form davon abhängig, wie die Planung, Überwachung und auch die folgende Abrechnung am einfachsten bewerkstelligt werden kann. Ein 🗀 **Muster-Kassenbuch** steht im Download zur Verfügung. Es kann den konkreten Erfordernissen angepasst werden. Außerdem gilt der buchhalterische Grundsatz: »Keine Buchung ohne Beleg!« Die Dokumentation durch Belege ist nicht nur eine formale Vorschrift (z. B. für die Abrechnung von Zuschüssen), sie dient auch dazu, Zahlungsvorgänge so zu dokumentieren, dass sie noch Monate nach der Veranstaltung und auch für Dritte nachvollziehbar sind.

Abrechnung

Wie schon erwähnt, dient die Abrechnung in der Regel dem Nachweis von Zuschussmitteln, aber auch der Rechenschaft. Ein guter Tipp ist die zeitnahe Abrechnung der Veranstaltung, da dann noch viele Zahlungsvorgänge bekannt sind, die möglicherweise nicht sauber dokumentiert sind, aber auf diese Weise noch rekonstruiert und dann auch belegbar gemacht werden können.

Für die Abrechnung von Mitteln sind in der Regel Fristen zu beachten. Mit einer guten buchhalterischen Dokumentation sollte die Einhaltung der Fristen jedoch in der Regel unproblematisch sein.

Neben der bereits erwähnten formalen Pflicht zur Buchhaltung und der damit verbundenen Abrechnung der Veranstaltung dient gerade die Abrechnung auch dazu, die erstellten Planzahlen mit den tatsächlich erzielten Werten zu vergleichen. Auf diese Weise entsteht eine Grundlage für die Planung weiterer Veranstaltungen und die Möglichkeit, zukünftige Planungen mit praktischen Erfahrungen deutlich präziser angehen zu können.

1.5 Technische Sicherheit

Der Fundus für Zelt- und Lagermaterial ist bei vielen Veranstaltern groß, aber manchmal auch sehr in die Jahre gekommen. Die Beschaffenheit der Materialien ist aber von hoher Bedeutung für die Sicherheit von Veranstaltungen. Man stelle sich vor, dass ein materialmüdes Gruppenzelt mit einem schweren Stahlrohrgestänge über einer Kindergruppe zusammenbricht oder ein defektes Elektrokabel an einer Musikanlage zu einem Stromschlag führt. Damit das Material nicht zu einem Sicherheitsrisiko wird, muss Folgendes beachtet werden:

Abb. 10: Gut sortierte Materialsammlung

Umgang mit Zeltmaterial

Zelte für Fahrten und Lager sind sehr teuer und werden oft über viele Jahre genutzt. Da die Lagerung nicht immer unter optimalen Bedingungen möglich ist und natürlich die Benutzung selbst zu Materialverschleiß führt, ist eine regelmäßige Kontrolle und Reparatur der Gestänge und Zeltstoffe notwendig. Beim Zeltgerüst muss darauf geachtet werden, dass Schweißnähte in Ordnung, Stangen nicht verbogen und Ankerpunkte für die Bodenbefestigung und die Befestigung von Laschen vorhanden sind. Natürlich muss das Gerüst auch vollständig sein, um sicher aufgebaut werden zu können. Die Zelthaut selbst muss frei von Rissen sein, da diese bei Sturm einen besonderen Angriffspunkt bilden. Außerdem ist darauf zu achten, dass alle Befestigungslaschen vorhanden und funktionstüchtig sind.

Abb. 11: Eine brenzlige Situation – so bitte nicht …

Zu einer guten Lagerausstattung gehören auch eine ausreichende Menge an Zeltheringen und Spannschnüren und entsprechende Ersatzteile. Der Zeltaufbau und das Abspannen von Zelten müssen vorher geübt werden, wobei erfahrene Zeltbauer die Anleitung übernehmen sollten. Auch während der Veranstaltung müssen Abspannungen regelmäßig überprüft werden. Gerade bei Unwetter und heftigem Sturm stellen nicht sachgerecht aufgebaute Zelte ein erhebliches Sicherheitsrisiko für alle Teilnehmer dar und haben in der Vergangenheit vielfach zu Verletzungen geführt.

Die Beschaffenheit der Materialien ist von hoher Bedeutung für die Sicherheit.

Elektrogeräte

Elektrogeräte müssen gesetzlichen Prüfstandards entsprechen. Gegebenenfalls müssen diese auch feuchtraumgeeignet oder mit Spritzwasserschutz ausgestattet sein. Das ist gerade bei Veranstaltungen notwendig, die nicht in festen Häusern stattfinden. Ebenso müssen Elektrogeräte und -kabel sachgerecht verwendet werden. Es führt zu weit, hier auf Sicherheitshinweise für konkrete Geräte einzugehen. Ein besonderes Augenmerk sollte aber Elektrokabeln gelten. Wenn folgende Grundregeln beachtet werden, stellt die Stromversorgung kein Problem dar:

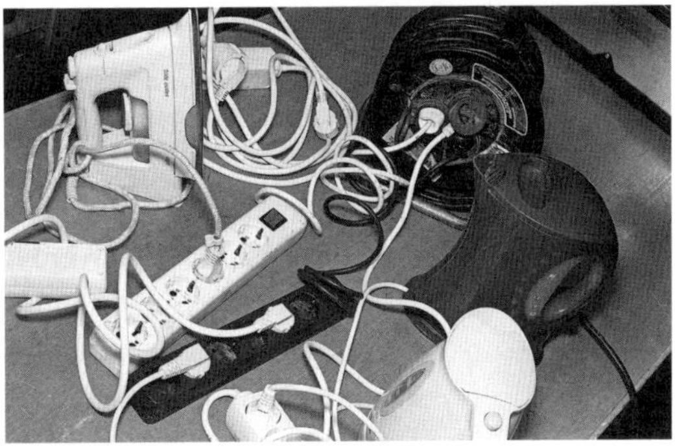

Abb. 12: ... und so auch nicht!

- Nur fertig gekaufte oder von einem Elektrofachmann gebaute Leitungen und Stromverteiler verwenden
- Kabeltrommeln bei der Benutzung immer vollständig abwickeln
- Mehrfachsteckdosen niemals verlängern
- Möglichst wenig Verbindungen zwischen der Stromquelle und dem Gerät verwenden
- Im Außenbereich nur feuchtraumgeeignete Kabel und Geräte verwenden
- Defekte Geräte und Kabel entweder von einem Fachmann reparieren lassen oder entsorgen

Gasgeräte

Sowohl zum Kochen als auch zum Heizen sind häufig gasbetriebene Geräte bei Veranstaltungen zu finden, da Gasflaschen eine einfache Versorgung mit Energie auch ohne ein vorhandenes Leitungsnetz ermöglichen. Bei gasbetriebenen Geräten müssen die Gebrauchsanleitungen und Sicherheitshinweise besonders sorgfältig studiert und beachtet werden, um die Gefahr einer Gasexplosion oder eines Brandes zu verhindern. Bei sachgerechter Verwendung und regelmäßiger Kontrolle sind Gasgeräte sehr sicher und die häufig verbreitete Angst vor ihnen ist unbegründet. Folgende Regeln des Deutschen Vereines des Gas- und Wasserfaches e. V. verhelfen zu der entsprechenden Sicherheit:

- Absperrhähne müssen frei zugänglich sein
- Gasleitungen müssen in einem einwandfreien Zustand sein
- Lüftungsöffnungen an Geräteverkleidungen müssen vorhanden sein
- Genügend Öffnungen für die Verbrennungsluft müssen vorhanden sein
- Schlauchleitungen müssen ohne Knick, ohne Spannung und in ausreichender Entfernung von Flammen und Hitze sein
- Die Flamme des Gerätes muss durchgehend blau brennen
- Die Gasgeräte müssen intakt, ohne Rußspuren, auffälligen Geruch oder ungewöhnliche Geräusche sein
- Geräte müssen alle zwei Jahre einer Gasprüfung, z. B. durch einen anerkannten Gasinstallateur, unterzogen werden
- Reparaturen dürfen nicht selbst durchgeführt werden

Werkzeuge und Maschinen

Werkzeuge müssen intakt sein und sinnvollerweise mit Prüfzeichen wie dem GS-Siegel ausgestattet sein. Defekte oder notdürftig reparierte Werkzeuge stellen eine hohe Gefahrenquelle dar und dürfen nicht mitgenommen werden.

Auch der Umgang mit Werkzeugen darf nur geübten Teilnehmerinnen überlassen werden. Da es vielfach auch zum Programm von Veranstaltungen gehört, dass Kinder und Jugendliche selbst mit Hammer, Zange und Säge arbei-

Abb. 13: Funktionstüchtiges Werkzeug

ten, müssen diese vorher auch einen sicheren Umgang mit diesen Geräten erlernen können.

Für die Bedienung mancher Geräte, wie z. B. Kettensägen, ist ein besonderer Einführungslehrgang notwendig. Die Veranstaltungsleitung muss sich davon überzeugen, dass die entsprechenden Nachweise vorliegen und die Bediener auch entsprechende Schutzkleidung tragen.

Mitunter führt gerade dieses Thema zu Diskussionen, in denen man sich mit vordergründigen Aussagen wie »Da passiert schon nichts« auseinandersetzt. Es ist natürlich richtig, dass die Gefahr eines Unfalles relativ gering ist. Aber sie ist statistisch auch nur deshalb gering, weil in den letzten Jahrzehnten durch immer bessere Sicherheitsvorkehrungen und Schutzkleidung die Zahl und auch die Schwere der Unfälle deutlich abgenommen hat.

Insgesamt lohnt sich immer die Frage, ob die bei manchen Veranstaltungen üblichen ›Materialschlachten‹ überhaupt notwendig sind. Auf unnötiges Material sollte verzichtet werden. Auf der anderen Seite ist es wichtig, die richtigen Materialien und Geräte dabeizuhaben. Der wirklich sichere Aufstieg zur Decke eines Veranstaltungssaales kann nur über eine Leiter und nicht über eine abenteuerliche Konstruktion aus Tischen und Stühlen erreicht werden. Eine gute Planung des Veranstaltungsmaterials anhand der konkreten Vorhaben wird hier weiterhelfen.

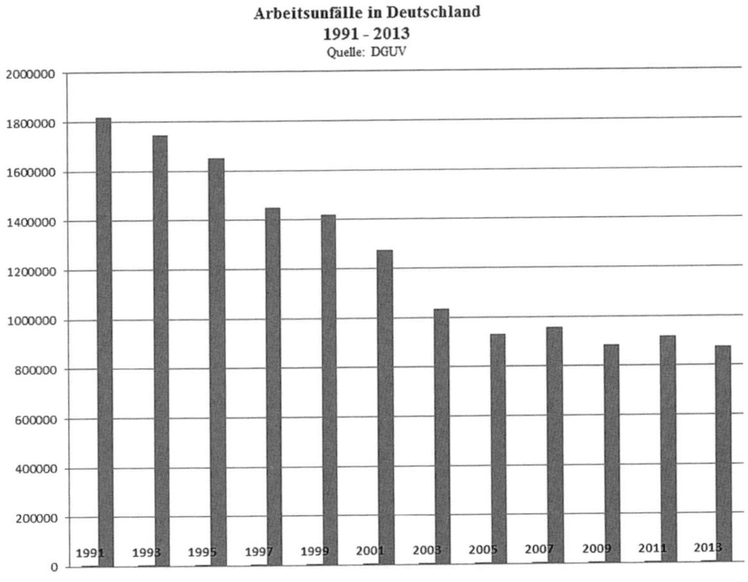

Grafik 1: Die Zahl der Arbeitsunfälle sinkt

Die große Menge der mitgenommenen Materialien führt zu einem weiteren Problem beim Transport, der durch entsprechende Ladungssicherungen nicht zu einem unnötigen Risiko werden darf. Verschließbare Transportkisten, die alle Einzelmaterialien aufnehmen, und großzügig vorhandene, ausreichend starke Zurrgurte sind gute Voraussetzungen dafür, dass Material und Fahrerin sicher am Veranstaltungsort und auch zu Hause wieder ankommen.

1.6 Teilnehmerschutz

Neben der in den letzten Abschnitten beschriebenen Absicherung des Veranstalters und der Leitungspersonen muss auch dem Schutz der Personen, die an der Veranstaltung teilnehmen, ein wichtiges Augenmerk gelten.

Teilnehmer, die sich für eine Veranstaltung anmelden und eine entsprechende Bestätigung erhalten, schließen einen Vertrag mit dem Veranstalter und haben spätestens nach der Zahlung des Teilnahmebeitrages das Recht, an der Veranstaltung und an dem gebuchten Programm teilzunehmen.

Leistungen des Veranstalters

Der Veranstalter muss in erster Linie dafür sorgen, dass das angekündigte Programm stattfindet. Um Missverständnisse und Ärger zu vermeiden, sollten im Vorfeld der Veranstaltung die Programmleistungen möglichst genau beschrieben werden. Bei Klassenfahrten wird ein Abweichen eher nicht zu schweren Problemen führen; bei ehrenamtlich geführten Ferienfreizeiten werden die Teilnehmer oder deren Eltern in der Regel nachsichtig sein, wenn ein Programmteil nicht wie geplant stattfinden kann. Dennoch führt eine klare Ankündigung, ob z. B. die Verpflegung während der Anreise gestellt wird oder ob die Teilnehmer selbst Butterbrote mitbringen müssen, zumindest zu organisatorischen Vorteilen. Bei der Beschreibung der Leistungen lohnt sich als Anregung durchaus ein Blick in einschlägige Reisekataloge. Ausführliche Informationen dienen immer der Klarheit und sind nicht zuletzt auch eine gute Form von Öffentlichkeitsarbeit darüber, was ehrenamtliche Jugendleiterinnen alles auf die Beine stellen können.

Ein weiterer Schritt zur Klarheit sind Teilnahmebedingungen oder allgemeine Geschäftsbedingungen. Dabei geht es nicht um mehrere Seiten kleingedruckten Text, sondern um wenige wichtige Regelungen z. B.

bei Stornierung einer Anmeldung. Ein einfaches Formular 🗀 **Teilnahmebedingungen** findet sich im Download.

Gegebenenfalls muss der Veranstalter in der Lage sein, Ersatzleistungen zu stellen oder im schlimmsten Falle sogar Schadenersatz zu leisten, wenn eine Veranstaltung ausfallen muss. Um die Teilnehmerinnen bei einer Zahlungsunfähigkeit des Veranstalters zu schützen, sieht das Reiserecht eine Insolvenzversicherung vor, die auch Ferienfreizeiten absichert. Sie ist bei allen bekannten Versicherern zu günstigen Tarifen im Programm.

Durch Teilnahmebedingungen wird Klarheit geschaffen.

Aufsicht

Veranstaltungen in der Kinder- und Jugendarbeit finden in der Regel mit minderjährigen Teilnehmerinnen und Teilnehmern statt, für die die anwesenden Gruppenleiter oder Lehrerinnen die Aufsichtspflicht übernehmen. In Ausübung ihrer Aufsichtspflicht müssen die jeweiligen Gruppenleiterinnen/Lehrer auch die Regelungen des Jugendschutzgesetzes beachten, das für Jugendliche von 14 bis 17 Jahren gilt. Die gesetzliche Aufsichtspflicht für Minderjährige liegt bei deren Erziehungsberechtigten und kann problemlos, z. B. im Rahmen einer Klassenfahrt oder Ferienfreizeit, befristet auf eine andere volljährige Person übertragen werden. Die Übertragung der Aufsichtspflicht auf minderjährige Gruppenleiter bedarf der ausdrücklichen Zustimmung ihrer Eltern. Es gibt dafür keine formellen Vorschriften, dennoch ist es hilfreich, die Übertragung und damit auch mögliche Einschränkungen in einem vom Veranstalter vorbereiteten Formular schriftlich zu erfassen. Im Download stehen eine 🗀 **Checkliste Anmeldeformular** und ein 🗀 **Gesundheitsbogen** (→ S. 85 ff.) zur Verfügung.

Bei der Erstellung eines Anmeldeformulars bzw. einer Ausschreibung für eine Veranstaltung sind die folgenden Bestandteile notwendig. Sie müssen anhand der eigenen Planungen überprüft werden und können dann in einen Ausschreibungstext umgesetzt werden.

Checkliste Anmeldeformular

Abfrage der Daten

- Vorname, Name
- Straße, PLZ Ort
- Geburtsdatum

- Telefon Festnetz
- Telefon Mobil
- E-Mail
- Bei Bedarf: Vereinsmitgliedschaft
- Ort und Datum der Anmeldung
- Unterschrift durch Erziehungsberechtigte(n)

Beschreibung der Veranstaltung
- Zeitraum der Veranstaltung
- Zeiten für die An- und Abreise
- Ort der Veranstaltung
- Beschreibung der Leistungen: z. B. Fahrt, Unterkunft, Verpflegung, Programmangebote
- Hinweis, dass das Programm ggf. je nach Erfordernissen noch verändert werden kann
- Teilnahmebeitrag, inkl. zusätzlicher Möglichkeiten den Reisepreis zu verändern
- Anmeldeschluss

Hinweis auf geltende Regeln
- Allgemeine Teilnahmebedingungen (wenn vorhanden)
- Hinweis, dass Daten mittels EDV erfasst, verarbeitet und ausschließlich für Zwecke der Veranstaltung gespeichert werden
- Regeln der Veranstaltung selbst
- Ggf. Hinweis auf das Jugendschutzgesetz
- Hinweis auf den Gesundheitsbogen, der zusätzlich ausgefüllt werden muss
- Abfrage, ob Kinder während der Veranstaltung fotografiert und die Fotos möglicherweise in den Medien veröffentlicht werden dürfen

Gruppenleiter müssen besondere Fähigkeiten für die Ausübung der Aufsichtspflicht besitzen. Hier liegt es in der Verantwortung der veranstaltenden Organisation, eine entsprechende Ausbildung für die Leiter sicherzustellen. Die Standards für den Erhalt der Jugendleitercard (JULEICA) bilden eine gute Grundlage, da diese sowohl rechtliche Themen wie die Aufsichtspflicht selbst, aber auch pädagogische Fragestellungen beinhalten, die letztlich entscheidend für erlebnisreiche und sichere Veranstaltungen sind.

Allerdings garantiert ein absolvierter Gruppenleitungskurs noch längst nicht, dass eine Gruppenleiterin plötzlich ein Allround-Künstler ist. Die in der Trägerorganisation tätigen, verantwortlichen Personen müssen dafür sorgen, dass Gruppenleiter nur entsprechend ihren tatsächlichen Fähigkeiten eingesetzt werden und dass neben der Erstausbildung auch weitere Fortbildungen folgen.

Um die Aufsichtspflicht sicher ausüben zu können, ist es notwendig, sich im Vorfeld der Veranstaltung ein Bild von den Teilnehmern zu machen. So können rechtzeitig entstehende Fragen z. B. mit den Eltern geklärt werden. Es ist aber auch genügend Zeit, sich auch auf Schwächen und Behinderungen Einzelner einstellen zu können.

Gruppenleiter müssen besondere Fähigkeiten für die Ausübung der Aufsichtspflicht besitzen.

Das Bürgerliche Gesetzbuch (§ 823 und § 834) spricht davon, dass es bei einem Schaden, der durch die schuldhafte Verletzung der Aufsichtspflicht entsteht, zu Rechtsfolgen wie Schadenersatz kommen kann. Dies sollte aber kein Erschrecken auslösen. Durch Schulung und Vorbereitung können die Risiken auf einen gut vertretbaren Rest minimiert werden.

Darüber hinaus gibt es die Möglichkeit, für Risiken eine entsprechende Versicherung abzuschließen. Viele Organisationen haben für ihre Mitglieder eine mit dem Mitgliedsbeitrag abgegoltene Grundversicherung abgeschlossen. Dennoch ist es hilfreich, anhand der konkret bestehenden Risiken zu überprüfen, ob ein zusätzlicher Versicherungsschutz finanzierbar und sinnvoll ist.

Abb. 14: Jugendleitercard – offizieller Ausweis für JugendleiterInnen

Datenschutz

Der Umgang mit sensiblen Daten ist gerade im Bereich der ehrenamtlichen Kinder- und Jugendarbeit problematisch. Durch die Beachtung einiger Grundregeln ist es jedoch einfach, sensible Daten wie Krankheiten, die auf einem Gesundheitsbogen für die Teilnahme an einem Ferienlager erhoben werden, effektiv zu schützen. Auch das Unterschreiben einer Datenschutzerklärung ist sinnvoll. Ein entsprechendes Formular zur **Vertraulichkeits- und Datenschutzerklärung** steht im Download zur Verfügung. Das klingt sehr formell, kann aber gerade dadurch zu einer Sensibilität im Umgang mit eigenen Daten führen, die auch der Unterschreibende über sich nicht jedem preisgeben würde.

Datengeheimnis

Das Erheben, Verarbeiten und Nutzen von personenbezogenen Daten ist nur Personen erlaubt, die dazu befugt sind. Diese Befugnis wird den ehrenamtlichen Mitarbeiterinnen durch die verantwortliche Leitung mit der Vergabe von Administrations-, Lese- und Schreibrechten ausgesprochen. Diese Befugnis ist nicht übertragbar. Die Mitarbeiter verpflichten sich, personenbezogene Daten nicht an unbefugte Dritte weiterzugeben. Diese Verpflichtung gilt auch über die Tätigkeit hinaus.

Abb. 15: Datensicherung und Datenschutz ist wichtig

Informationelle Selbstbestimmung

Aufgrund seiner individuellen Freiheitsrechte hat jeder das Recht, selbst zu entscheiden, wer was wann und bei welcher Gelegenheit über die eigene Person weiß.

Der Umgang mit sensiblen Daten ist gerade im Bereich der ehrenamtlichen Kinder- und Jugendarbeit problematisch.

Durch entsprechende Erklärungen z. B. auf Anmeldeformularen erlauben in der Regel die Eltern, dass Daten für Veranstaltungen auch elektronisch verwaltet werden dürfen. Daraus leitet sich ab, dass jede Person auf Anfrage Einsicht in die über sie/ihn gespeicherten persönlichen Daten haben muss. Bei unsachgemäßer und unerlaubter Verwendung von persönlichen Daten können die betroffenen Personen Schadenersatzansprüche geltend machen.

Datenvermeidung und Datensparsamkeit

Es muss immer geprüft werden, ob die erhobenen Daten auch wirklich notwendig sind. Daten, die nicht oder nicht mehr für die Zwecke der Mitgliederverwaltung oder der Verwaltung von Aktionen benötigt werden, dürfen nicht erhoben werden bzw. müssen gelöscht werden.

Technische Maßnahmen

Es müssen, z. B. durch Passwortschutz oder Verschluss, technische Voraussetzungen geschaffen werden, damit die gespeicherten Daten nicht durch unbefugte Dritte einsehbar sind. Das gilt für die Daten sowohl in digitaler Form als auch in Papierform.

1.7 Gefahrenpotenziale durch die Gruppe selbst

Nach der Behandlung von Faktoren, die eher von außen einwirken und vom Verhalten der verantwortlichen Personen abhängig sind, gibt es auch ein inneres Gefahrenpotenzial, das abhängig ist vom konkreten Verhalten der Teilnehmerinnen und Teilnehmer selbst. Dabei können Gefahren vom Verhalten einzelner Gruppenmitglieder, kleinerer Gruppen oder auch vom Verhalten der Gesamtgruppe ausgehen. Eine wesentliche Rolle spielt in diesem Zusammenhang das Alter der Teilnehmer. So ist die Gefahr durch falsches Verhalten im Straßenverkehr bei Kindern grundsätzlich höher einzuschätzen als bei älteren Kindern oder bei Jugendlichen. Die Gefahren durch Alkoholmissbrauch hingegen sind bei einer Jugendgruppe im Regelfall höher als bei einer Kindergruppe oder Grundschulklasse.

Jeder Teilnehmer bringt ein eigenes Gefahrenpotenzial in die jeweilige Gruppe ein.

Verhalten von Einzelnen

Jeder Teilnehmer bringt ein eigenes Gefahrenpotenzial in die jeweilige Gruppe ein. Es ist an dieser Stelle sinnvoll, das Thema stark zu versachlichen und losgelöst von der Persönlichkeit der Einzelnen zu betrachten. Die zu betrachtenden Kategorien könnten an den Fragebogen einer Versicherung oder an Kopfnoten aus der Schule erinnern. Es ist jedoch keineswegs beabsichtigt, die einzelnen Teilnehmer mit einem Beurteilungsschema zu bepunkten und aufgrund dessen zu entscheiden, ob der Teilnehmer an der Veranstaltung teilnehmen darf oder nicht. Das Ziel ist es, jeden Teilnehmer mit allen Stärken und Defiziten so in den Blick zu nehmen, dass die geplante Veranstaltung für ihn und die Gruppe zu einem positiven Erlebnis wird. Mögliche Kriterien sind:

- Alter,
- Geschlecht,
- Fähigkeit, Regeln einzuhalten,
- Fähigkeit, Verantwortung zu übernehmen und sich für andere einzusetzen,
- Fähigkeit, das Gemeinschaftsleben mitzugestalten und zu einem positiven Klassen bzw. Gruppenklima beizutragen,
- Bekanntheitsgrad bei den anderen Teilnehmern und bei der Leitungspersonen,
- Bekanntheitsgrad der Eltern bei den Leitungspersonen.

Je stärker bei einer Veranstaltung die einzelnen Teilnehmer als Teil einer Gruppe im Mittelpunkt stehen, desto besser ist es möglich, den individuellen Fähigkeiten der Einzelnen Rechnung zu tragen. Bei Veranstaltungen mit einem offenen Teilnehmerkreis können die Organisatoren im Vorfeld nur allgemeine mögliche Gefahren in den Blick nehmen, die z. B. in einer bestimmten Altersgruppe in besonderer Weise bestehen.

Gerade bei Schulveranstaltungen und Aktionen von festen Gruppen sind die Teilnehmer in der Regel bekannt, sodass es keine schwierige Aufgabe ist, die einzelnen Teilnehmer einzuschätzen. Bei Veranstaltungen, bei denen die Teilnehmer und auch deren Eltern fremd sind, bedarf es einer guten Beobachtung am Beginn der Veranstaltung und einer der Gruppe angemessenen Gestaltung der Kennenlernphase.

Beispielhaft seien einige Verhaltensweisen einzelner Teilnehmer genannt, die zu Gefahrensituationen führen können:

- Ein 14-jähriges Gruppenmitglied missachtet die Regelungen des Jugendschutzgesetzes und beschafft alkoholische Getränke.
- Ein minderjähriges Gruppenmitglied setzt sich ohne Abmeldung von der Gruppe und vom Veranstaltungsgelände ab.
- Ein Gruppenmitglied übt Gewalt gegenüber anderen Gruppenmitgliedern aus.
- Ein Gruppenmitglied missachtet die in der Gruppe geltenden Regeln und badet unbeaufsichtigt im nahe gelegenen Gewässer.

Verhalten der Gruppe

Es ist hilfreich, sich bewusst zu machen, dass Gruppen, die längere Zeit zusammen sind, verschiedene Phasen durchleben. Die einschlägige Literatur nennt in der Regel fünf Gruppenphasen, die kennzeichnen, in welcher Situation sich Leitungspersonen und Gruppenmitglieder gerade befinden. Das bezieht sich auf die eigene Sicherheit bzw. Unsicherheit anderen gegenüber, aber auch die Vertrautheit und Differenzierung in der Gesamtgruppe.

Fünf Gruppenphasen, die kennzeichnen, in welcher Situation sich Leitungspersonen und Gruppenmitglieder gerade befinden.

Fünf Phasen der Teambildung

Phase	Verhalten der Teilnehmer
Anfangs- und Kennenlernphase	- Gedanken an zu Hause sind präsent - Enger Kontakt zu bereits bekannten Teilnehmern - Der erste Eindruck bestimmt das Verhalten - Orientierung an den Gruppenleitungen - Zurückhaltung - Viele Fragen nach Rahmenbedingungen, Strukturen und Regeln - …
Machtkampfphase	- Teilnehmer möchten Einfluss auf das Geschehen in der Gruppe nehmen - Sympathien und Antipathien untereinander kristallisieren sich heraus - Rollenklärung in der Gruppe - Cliquen bilden sich und bieten Zugehörigkeit und Orientierung - Erste Machtkämpfe wirken sich auf das Gruppenklima aus - Leitung wird angefragt - Konflikte auf der Beziehungsebene werden auf der Sachebene ausgetragen - Suche nach Entscheidungsregeln und Gruppennormen - …
Vertrautheitsphase	- Entstehen eines Wir-Gefühls - Probleme werden schöngeredet - Außenseiter werden in das Geschehen integriert - »Pärchen« kommen zusammen - Gemeinsame Lieder, Insider- und Running-Gags entstehen - …
Arbeitsphase/ Differenzierungsphase	- Teilnehmer bringen sich mit individuellen Fähigkeiten und Stärken ein - Gegenseitige Motivation für die gemeinsame Sache - Konflikte werden angesprochen und gelöst - Teilnehmer übernehmen Eigenverantwortung - Aufgaben werden in der Gruppe kreativ umgesetzt - …
Auflösungsphase	- Bevorstehendes Ende der Gruppe wird verdrängt - Gruppe und gemeinsame Zeit werden idealisiert - Vorfreude auf Zuhause, aber auch Angst möglich - Festhalten der entstandenen Kontakte: Fotos, Unterschriften, Adressen usw. - Wunsch nach einem Nachtreffen kommt auf - …

Das Verhalten einzelner Gruppenmitglieder kann, begünstigt durch die jeweilige Situation der Gruppe, dazu führen, dass sich die gesamte Gruppe oder eine Teilgruppe zu gefahrvollem Verhalten hinreißen lässt. Bei einer großen Vertrautheit der Teilnehmer untereinander können z. B. Gruppenrituale, die bei bestimmten Gelegenheiten mitunter auch unreflektiert durchgeführt werden, ohne Anstoß durch eine einzelne Person zu einer Gefahr für die ganze Gruppe werden. Beispiele:

- Während eines Stadtausflugs verläuft sich eine Kleingruppe und findet nicht zum vereinbarten Ort zurück.
- Eine Gruppe von 15-Jährigen raucht im Schlafraum.
- Eine Gruppe führt ein Aufnahmeritual mit gesundheitsgefährdenden Getränken und gefährlichen Aufgaben durch.
- Eine Kleingruppe nutzt einen unbeobachteten Moment und zündet trotz Waldbrandgefahr ein Feuer an.
- Eine Gruppe verhält sich während einer Fahrradtour trotz bekannter Regeln verkehrsgefährdend.

Einflussnahme durch Regeln

Neben der bereits beschriebenen Notwendigkeit, die einzelnen Gruppenmitglieder kennenzulernen und auch ihr Verhalten in der Gruppe möglichst gut zu beobachten, ist es unter dem Aspekt der Sicherheit für die Gruppe und die Einzelnen außerdem wichtig, verbindliche Verhaltensregeln aufzustellen. Die Aufstellung von Regeln bildet ergänzend zur den Regeln z. B. des Jugendschutzgesetzes oder des Sexualstrafrechts die Grundlage für eine Abwehr von verhaltensbedingten Gefahren.

Regeln für eine Veranstaltung mit offenem Teilnehmerkreis werden in einer sehr direktiven und klaren Form auf Gebote und Verbote hinweisen. Im Gegensatz dazu bietet es sich in Gruppen, die eine längere Zeit miteinander verbringen, an, verbindliche Regeln gemeinsam zu erarbeiten bzw. auszuhandeln. Dies geschieht mit dem Ziel, eine höhere Akzeptanz zu erreichen. Die Entscheidung, mit welchem Verfahren solche Regeln aufgestellt werden, trifft die Veranstaltungsleitung. Es ist sinnvoll, neben den Regeln auch Konsequenzen, die aus einem Regelverstoß resultieren, mit den Gruppenmitgliedern gemeinsam zu erarbeiten. In einem solchen Prozess kann deutlich werden, dass es während der Veranstaltung berechtigte Interessen der Teilnehmer, aber auch möglicherweise anders gelagerte Interessen der verantwortlichen Leiter gibt. Letztlich tragen sie gerade im Zusammenhang mit der Aufsichtspflicht über Minderjährige die Verantwortung für das Wohlergehen der anvertrauten Kinder- und Jugendlichen und müssen daher im Zweifelsfall entscheiden, zugleich aber auch die Gründe transparent darlegen.

Um Regeln in Kraft zu setzen, müssen sie in geeigneter Weise kommuniziert werden. Dabei ist die Situation der Gruppe und deren Aufnahmefähigkeit zu beachten. So sind an Gefahrenstellen deutliche Schilder sinnvoll, während Regeln zum Umgang miteinander besser erklärt werden sollten. Möglicherweise helfen auch kreative Methoden, indem die Regeln bei einem mittelalterlich gestalteten Sommerlager als »Rittergesetz« verkündet werden oder bei einer Klassenfahrt nach Florenz »auf Italienisch« (im italienischen Duktus). Eine Grundlage für die Aufstellung eigener, der jeweiligen Situation angemessenen Regeln bietet die 🗀 **Checkliste Veranstaltungsregeln**.

Um Regeln in Kraft zu setzen, müssen sie in geeigneter Weise kommuniziert werden.

Checkliste Veranstaltungsregeln

Allgemeine Regeln

- Hausordnung
- Nachtruhe
- Allgemeine Essenszeiten
- Regeln beim Essen
- Tagesablauf
- Dienste (Küchendienst, Fegedienst, Toilettendienst)
- Regeln, wann sich Teilnehmer bei den Gruppenleitern abmelden müssen
- Verbot von Alkohol, Drogen, Zigaretten, Waffen
- Hinweise auf Gefahren in der Umgebung (Gewässer, Abhang, Straße)

Regeln zum Umgang untereinander

- Verhalten in den Schlafbereichen
- Verhalten gegenüber dem Personal der Unterkunft und den Betreuern
- Regeln für den Umgang in der Gruppe

Verhalten bei Unternehmungen

- Baderegeln
- Verhalten im Wald
- Verhalten im Straßenverkehr
- Klärung offener Fragen

Einflussnahme durch die Wahrnehmung der Aufsichtspflicht

Die aufgestellten Regeln stehen in einem engen Zusammenhang mit der Aufsichtspflicht über minderjährige Kinder und Jugendliche, die von den Erziehungsberechtigten für die Dauer der Veranstaltung auf die Gruppenleiter übertragen worden ist. Diese Aufsichts- und Fürsorgepflicht bedeutet, dass Minderjährige so zu beaufsichtigen sind, dass sie

- keinen anderen gefährden,
- keinen Schaden verursachen,
- selbst keinen Schaden erleiden.

Verbindlich kommunizierte Regeln neben der aus der »Elterlichen Sorge« (BGB § 1626) bzw. »Personensorge« (BGB § 1631) abgeleiteten Aufsichtspflicht sind somit auch eine tatsächliche Maßnahme zur Abwehr von Gefahren.

Einflussnahme durch konsequentes Handeln

Nach der Einführung von Regeln stellt sich im nächsten Schritt die Frage, wie diese unter dem Aspekt der Gefahrenabwehr auch tatsächlich einzuhalten sind und welche Konsequenzen ein Regelverstoß zur Folge hat. Grundsätzlich gilt, dass die aufgestellten Regeln immer eingehalten werden müssen und die Missachtung immer eine Folge hat. Je nach Art der Missachtung wird es beim ersten Mal in der Regel eine Verwarnung geben und danach eine vorher angekündigte Konsequenz. Dabei sollte dem Teilnehmer deutlich werden, dass diese letztlich zu seinem Schutz dient. Eine andere Konsequenz oder gar Strafe, die nicht im Zusammenhang mit dem Regelverstoß steht, ist erzieherisch sinnlos und steht möglicherweise sogar der Pflicht zur Personensorge (BGB § 1631) entgegen. Die sicherlich schwerste Konsequenz wird der Ausschluss eines Teilnehmers von der Veranstaltung sein. Das sollte jedoch nur bei wirklich schweren Verstößen zum Tragen kommen.

1.8 Was lernen wir daraus?

In vielen Bereichen ist Expertenwissen gefragt. Um dieses Wissen verfügbar zu haben, ist es jedoch nicht notwendig, dass nur beruflich ausgebildete Fachkräfte Maßnahmen im Bereich der Kinder- und Jugendarbeit oder der Schulen leiten. Es ergibt sich aber ein deutliches Plädoyer für die verbindliche Teilnahme an Schulungsmaßnahmen, die die zahlreichen Träger der Kinder- und Jugendarbeit anbieten. Neben einer Grundausbildung zum Beispiel auf dem Standard der JULEICA, ist es sinnvoll, dass sich einige Leiterinnen zusätzlich je nach Interesse Expertenwissen aneignen. Sie bilden sich speziell fort, um diese Bereiche auch während der Veranstaltung verantwortlich zu gestalten. So ist eine gute Arbeitsteilung möglich, die ehrenamtliche Arbeit trotz aller Arbeitsbelastung und Mehrarbeit möglich und lohnenswert macht.

1.9 Literaturempfehlung

Hygiene bei Veranstaltungen

Rund ums Kochen. Rezepte, Planung, Hygiene und mehr (2013). Unter Mitarbeit von Anke Walliser und Alexander Strobel. Stuttgart, Düsseldorf: Buch + Musik; Attenberg.

Bund der Deutschen Katholischen Jugend, Landesverband Oldenburg (2012): Von Zeltplätzen, Frikadellen und unliebsamen Gästen. Arbeitshilfe für Verantwortliche von Freizeitmaßnahmen und Küchenteams zum Thema Hygiene. Unter Mitarbeit von Oliver Hölters, Stefan Hölters und Annlen Hunfeld-Warnking. 2. Aufl. Vechta. Online verfügbar unter http://www.bdkj-vechta.de, zuletzt geprüft am 01.02.2015.

Beide Bücher beschreiben praxisnah die Umsetzung aktueller Vorschriften für den Küchen- und Sanitärbereich. Sie bilden eine gut verständliche Grundlage auch für Personen, die sich zum ersten Mal mit dem Thema beschäftigen, und sind umfassende Handlungsleitfäden für die Vorbereitung und zudem Nachschlagewerke bei der Veranstaltung selbst.

Poster Küchenhygiene. Online verfügbar unter http://www.bmel.de/Shared Docs/Downloads/Broschueren/Flyer-Poster/Poster-Kuechenhygiene1.pdf?_blob=publicationFile. zuletzt geprüft am 01.02.2015.

Dieses Poster eignet sich gut zum Aufhängen in der Küche.
Weiterhin bieten die Internetangebote der Bundes- und Landesministerien aktuelle Schriften, Formulare und Aushänge zur Vertiefung und Umsetzung des Themas an, z. B.: Bundesministerium für Ernährung, Landwirtschaft und Verbraucherschutz: http://www.bmel.de

Finanzielle Sicherheit

Bischof, Roland (2007): Wie Profis Sponsoren gewinnen. Basiswissen und Leitfaden für die Praxis. 2. Aufl. Göttingen: BusinessVillage (Edition Praxis. Wissen).

Höss, Konrad (2006): Kompass Fundraising. [wie sag ich's meinem Spender?]. Düsseldorf: Verlag Haus Altenberg.

Beide Bücher vermitteln praktische Anregungen zur Gewinnung von Sponsoren, die auch für ehrenamtliche Mitarbeiter umsetzbar sind.

Technische Sicherheit

Schmitt, Martin (2010): Betriebliches Notfallmanagement. Maßnahmen zur betrieblichen Gefahrenabwehr und Schadensbegrenzung. Heidelberg: ecomed Sicherheit.

Dieses Werk beschreibt umfassend alle notwendigen Grundlagen-Schritte für den Aufbau eines betrieblichen Notfallmanagements. Aufgrund der leichten Verständlichkeit sind viele Themen auf die Kinder- und Jugendarbeit übertragbar. Mit den entsprechenden Anpassungen können auch die auf einer CD beigefügten Dokumente genutzt werden. Das Buch eignet sich zur Vertiefung des Themas und bietet Unterstützung beim Aufbau eines Systems für größere Organisationen.

Teilnehmerschutz, Versicherungen

Mayer, Günter (2011): Aufsichtspflicht, Haftung, Versicherung für Jugendgruppenleiter. Ratgeber für Jugendorganisationen und Eltern; richtig handeln, wenn etwas passiert; [die wichtigsten Haftungsfälle mit Vorschlägen zur Vermeidung]. 5. Aufl. Regensburg: Walhalla-Fachverlag

Schilling, Johannes (2010): Rechtsfragen in der Jugendarbeit. Über die rechtliche Absicherung pädagogischer Ziele. Weinheim, München: Juventa (Praxishilfen für die Jugendarbeit).

Borsutzky, Andreas (2010): Rechtsfragen in der Jugendarbeit. Düsseldorf: Verlag Haus Altenberg (Kompass).

Bischöfliches Generalvikariat Münster (2007): Tatort Kurs. Praxishandbuch für die Gruppenleiterausbildung. Münster: Dialogverlag

Die vier aufgeführten Bücher beschreiben in ähnlicher Weise alle wichtigen Fragen rund um den Bereich Haftung und Aufsichtspflicht

Rieger, Bärbel; Wagner, Oliver (2011): Im Auge behalten. Rechtliche und versicherungstechnische Tipps. Düsseldorf: Verlag Haus Altenberg.

Neben den Themen Aufsichtspflicht und Haftung werden hier speziell die verschiedenen Möglichkeiten und Notwendigkeiten zur Versicherung möglicher Gefahren im Bereich der Kinder- und Jugendarbeit ausführlich beschrieben.

2. Sexualisierte Gewalt

Seit den in den letzten Jahren bekannt gewordenen Skandalen von sexualisierter Gewalt in den Kirchen, in Schulen, in Sportvereinen, bei Jugendfreizeiten und gerade auch in Familien ist ein Umdenken in Politik und Gesellschaft zu beobachten. Statt die Probleme zu verdrängen, stellt man sich ihnen immer mehr. So ist z. B. das Bundeskinderschutzgesetz (BKiSchG) (2012) novelliert worden. Die katholische Kirche hat mit ihrer Präventionsordnung (2011) ein Zeichen gegen sexualisierte Gewalt gesetzt. Beide Normtexte stellen konkrete Forderungen an die Arbeit mit Kindern und Jugendlichen, die im Folgenden beleuchtet werden sollen. Das BKiSchG wird voraussichtlich in den nächsten Jahren immer wieder überarbeitet. Neuerungen und Änderungen werden immer aktuell im **Download** (S. 160) verfügbar sein.

Begonnen wird mit Definition und Darstellung der verschiedenen Formen sexualisierter Gewalt. Anschließend folgt ein Abschnitt über Risikofaktoren und Signale. Der letzte Abschnitt beleuchtet die beiden Normtexte.

Für eine umfassende Darstellung ist das Thema zu komplex. Dennoch wird der Versuch unternommen, kurz und prägnant darzulegen, was für Mitarbeitende in der Kinder- und Jugendarbeit sowie in Schulen zu wissen wichtig ist.

2.1 Was ist sexualisierte Gewalt?

> Unter sexualisierter Gewalt wird jede sexuelle Handlung verstanden, die gegen den Willen des Betroffenen vorgenommen wird.

Unter sexualisierter Gewalt wird jede sexuelle Handlung verstanden, die gegen den Willen des Betroffenen vorgenommen wird. Außerdem sind sexuelle Handlungen gemeint, bei denen das Opfer nicht zustimmen kann, weil es der Täterin/dem Täter unterlegen ist. Das kann eine körperliche, psychische, geistige oder sprachliche Unterlegenheit sein. Grundsätzlich nutzt der Täter/die Täterin zur eigenen Bedürfnisbefriedigung das Opfer aus. Die Begrifflichkeit ›Missbrauch‹ wird hier bewusst nicht verwendet, weil das darauf hinweisen könnte, dass es auch sexuelle Handlungen an unterlegenen Personen gäbe, die keine sexualisierte Gewalt darstellen – das ist aber nicht der Fall!

In der Literatur wird zwischen verschiedenen Formen der sexualisierten Gewalt unterschieden. Hier ein kurzer Überblick:

- *Grenzverletzungen:* Handlungen, die meist nur einmal und ohne Absicht geschehen und nicht sexuellen Charakters sind. Beispiel: die zufällige Berührung am Gesäß im Gedränge in öffentlichen Verkehrsmitteln.
- *Übergriffe:* Absichtliche Aktionen, die in der Grauzone liegen. Beispiele: nicht altersgemäße Medien, wiederholtes Benutzen sexualisierter Sprache usw.
- *Straftaten:* Alle Handlungen, die im Abschnitt 13 des Strafgesetzbuchs (StGB) nachzulesen sind. Beispiele: sexualisierte Gewalt an Kindern, Exhibitionismus, Kinderpornographie usw.

2.2 Was ist Kindeswohl?

Bei Kindeswohlgefährdung liegt ein Tun oder Unterlassen der Erziehungsberechtigten vor.

Im Bundeskinderschutzgesetz und in der Präventionsordnung wird immer wieder vom Kindeswohl gesprochen. Der § 8a SGB VIII stellt keine positive oder negative Liste von Kindeswohl oder Kindeswohlgefährdung zur Verfügung. Grundsätzlich ist aber klar, dass bei Kindeswohlgefährdung ein Tun oder Unterlassen der Erziehungsberechtigten vorliegt. Kindeswohlgefährdung umfasst:

- körperliche und häusliche Gewalt,
- sexualisierte Gewalt,
- gesundheitliche Gefährdung,
- Aufsichtspflichtverletzung,
- Aufforderung zu Kriminalität,
- Autonomiekonflikt,
- seelische Verwahrlosung (schwer nachzuweisen).

Konkrete Aussagen über Opferzahlen zu machen, ist nicht möglich, weil viele Straftaten nicht zur Anzeige gebracht werden oder im Graubereich der Strafbarkeit liegen.

2.3 Wie gehen Täter vor?

Um Kinder zu schützen und möglicher sexualisierter Gewalt vorzubeugen, ist es wichtig, Täterstrategien zu kennen:

Abb. 16: Täter gibt es potenziell überall.

- Sie versichern sich der Achtung und Unterstützung der Umgebung und übernehmen wichtige Schlüsselfunktionen.
- Sie entlasten Kolleginnen und bieten ihre Mitarbeit an. Gern übernehmen sie lästige Aufgaben und machen sich unentbehrlich.
- Sie schaffen Gelegenheiten, um mit Kindern allein sein zu können.
- Sie wählen Kinder aus, die emotional bedürftig sind.
- Wenn Kinder auf sie reagieren, fangen sie an sie zu berühren, anfangs möglichst unverfänglich.
- Wenn der sexuelle Übergriff geschehen ist, rechtfertigen sie sich vor dem Kind, indem sie bagatellisieren, appellieren, entschuldigen. Außerdem werten sie ab, schmeicheln, belohnen und bedrohen.

Wachsamkeit ist beim Beobachten eines solchen Verhaltens geboten. Es muss nicht immer heißen, dass dieser Mensch konkret einen Übergriff plant oder schon etwas in dieser Richtung begangen hat. Unbedingt sinnvoll ist aber, das Geschehen anzusprechen, den vermeintlichen Täter aufzuklären und das Opfer zu schützen. Näheres in der → **Checkliste Verhalten bei sexualisierter Gewalt** (S. 101 ff.).

Das Geschehen ansprechen, den vermeintlichen Täter aufklären und das Opfer schützen.

2.4 Kinder stark machen

Eindeutige Opfersignale gibt es nicht. Sollte sich das Verhalten eines Kindes deutlich verändern, kann man sich Hilfe bei externen Beratungsstellen holen. Kinder zu stärken, ist ein wichtiger präventiver Schritt. Dazu gehört die Aufklärung der Kinder über ihre Rechte. Das Thema Sexualität muss enttabuisiert werden. Die Durchführung von Gruppenstunden zu den umfangreichen Themen *Kinder stärken* und *Kinderbeteiligung* ist hilfreich. Die → Literaturempfehlung stellt diverse Methoden vor und macht Vorschläge zur Gestaltung von Gruppenstunden. Auch bei der zuständigen Stelle des katholischen Jugendamtes des Bistums, beim Kinderschutzbund und beim Jugendamt kann man entsprechende Materialien anfragen. Der Besuch einer Präventionsschulung zum Thema sexualisierte Gewalt, wie sie diese Stellen anbieten, ist unbedingt zu empfehlen und für Leitende in kath. Einrichtungen ohnehin Pflicht.

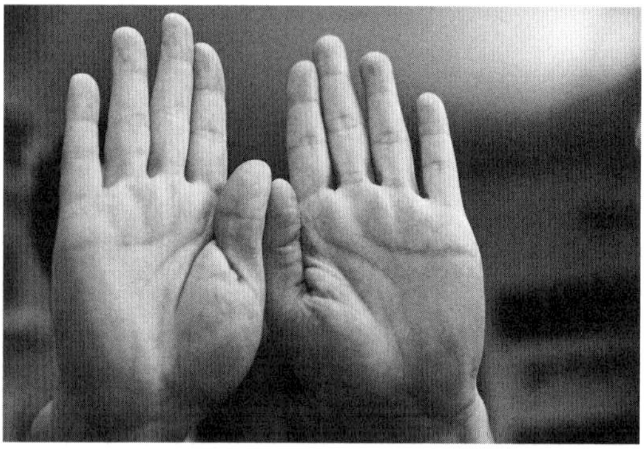

Abb. 17: Wer deutlich »Stopp!« sagt, muss Gehör finden

Kinder stärken und Kinderbeteiligung ist hilfreich.

Wichtig ist vor allem, dass Kinder und Jugendliche ganz konkret wissen, an wen sie sich wenden können, wenn sie betroffen sind. Dabei sind interne, aber auch externe Wege zu berücksichtigen. Näheres wird in der Checkliste Verhalten bei sexualisierter Gewalt und der Info zum Beschwerdemanagement beschrieben (S. 101 ff.).

2.5 Bundeskinderschutzgesetz und Präventionsordnung

Beide Normtexte streben die Prävention von sexualisierter Gewalt an. Die Texte verbindet das präventive Mittel des erweiterten Führungszeugnisses.

Bundeskinderschutzgesetz

Nach diesem Gesetz muss zunächst die politische Gemeinde vor Ort (Kommune) aktiv werden, um sogenannte Vereinbarungen zu schließen. Dabei ist eine Zusammenarbeit von freien und öffentlichen Trägern der Jugendhilfe vorgesehen. Freie Träger sind nach § 75 SGB VIII anerkannt; das sind z. B. die Ortsgruppen eines Verbandes oder der Sportverein vor Ort. Öffentliche Träger sind z. B. die Kommunen. Die Aufgaben übernehmen die Jugendämter mit ihrer Verwaltung. Der Jugendhilfeausschuss, beim Rat der Kommune angesiedelt, ist im Fall des BKiSchG dafür zuständig, die Vorlagen für die Vereinbarung zwischen freien und öffentlichen Trägern vorzubereiten. Deswegen ist es auch so wichtig, dass die Verbände einen Vertreter in dieses Gremium wählen.

Die freien Träger werden oftmals aufgefordert, Papiere zu unterschreiben, bei deren Formulierung sie kein Mitspracherecht hatten. Deshalb ist es für sie sinnvoll, sich frühzeitig über die Inhalte der § 8a Abs. 4 und § 72a des SGB VIII zu informieren, um die Inhalte der Vereinbarung mit der jeweiligen Kommune aktiv mitgestalten zu können.

§ 72a SGB VIII

Das Jugendamt muss Vereinbarungen mit den freien Trägern schließen, um sicherzustellen, dass keine Menschen in der Kinder- und Jugendhilfe beschäftigt werden (Haupt-, Neben- und Ehrenamtliche gleichermaßen), die Straftaten nach Abschnitt 13 im Strafgesetzbuch begangen haben. Träger, die überregional tätig sind, können mit den Landesjugendämtern Rahmenvereinbarungen schließen.

Das Jugendamt muss Vereinbarungen mit den freien Träger schließen.

Wichtig ist darauf zu achten, dass nicht das erweiterte Führungszeugnis (eFZ) das einzige Mittel der Prävention ist, sondern dass sinnvollere Präventivmaßnahmen wie z. B. Präventionsschulungen ebenfalls Inhalt einer solchen Vereinbarung werden. Empfehlungen:

- Gesamtkonzept zu Prävention und Schutz,
- Prüfschema zur Feststellung, wer ein eFZ braucht und wer nicht,
- Verpflichtungserklärung (ausreichend bei spontanem und kurzzeitigem Engagement).

Dies sind nur wenige Beispiele für Punkte, die in eine Vereinbarung gehören. Eine erprobte 🗀 **Mustervereinbarung § 72a** findet sich im Download. Die Jugendämter können eine Vereinbarung nicht erzwingen. Sollte ein Text in einer Vereinbarung nicht den Vorstellungen eines freien Trägers entsprechen, darf der freie Träger die kommunale Vereinbarung zwar nicht einfach ablehnen, kann aber einen inhaltlichen Gegenvorschlag machen.

Das erweiterte Führungszeugnis

Im erweiterten Führungszeugnis (eFZ) werden u. a. auch Straftaten aufgenommen, die aus dem Bereich des Sexualstrafrechts kommen. Alle Eintragungen plus die mögliche Gefängnisstrafe werden für zehn Jahre gespeichert. Das eFZ ist für ehrenamtliche Mitarbeiterinnen (Menschen, die ohne Bezahlung oder für eine Aufwandsentschädigung arbeiten) kostenfrei. Beim zuständigen Bürgerbüro der Kommune muss nur eine 🗀 **Aufforderung zur Ausstellung des eFZ** vom Träger erfolgen. Das eFZ muss alle fünf Jahre vorgelegt werden und darf bei der Vorlage nicht älter als drei Monate sein.

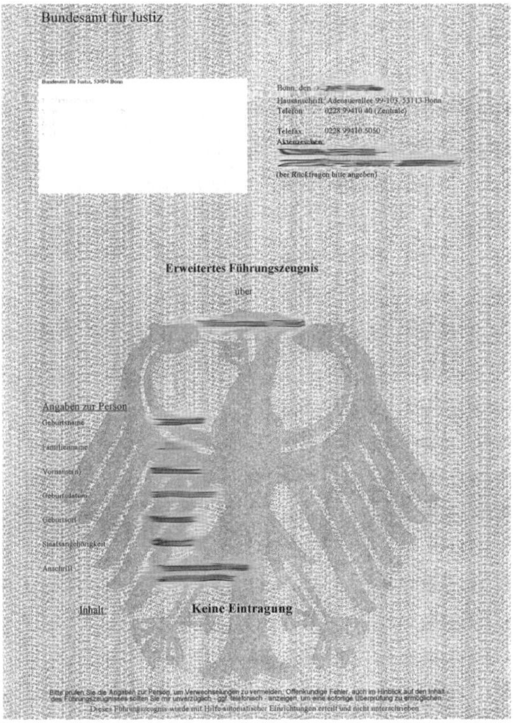
Bundesamt für Justiz

Bundesamt für Justiz, 53094 Bonn

Bonn, den [redacted]
Hausanschrift: Adenauerallee 99-103, 53113 Bonn
Telefon 0228 99410 40 (Zentrale)

Telefax 0228 99410 5050
Aktenzeichen:
[redacted]
(bei Rückfragen bitte angeben)

Erweitertes Führungszeugnis

über

[redacted]

Angaben zur Person
Geburtsname [redacted]
Familienname
Vorname(n) [redacted]
Geburtsdatum [redacted]
Geburtsort [redacted]
Staatsangehörigkeit [redacted]
Anschrift [redacted]

Inhalt **Keine Eintragung**

Bitte prüfen Sie die Angaben zur Person, um Verwechselungen zu vermeiden. Offenkundige Fehler, auch im Hinblick auf den Inhalt des Führungszeugnisses sollten Sie mir unverzüglich - ggf. telefonisch - anzeigen, um eine sofortige Überprüfung zu ermöglichen.
Dieses Führungszeugnis wurde mit Hilfe automatischer Einrichtungen erteilt und nicht unterschrieben

Abb. 18: Formular »Erweitertes Führungszeugnis«

Da es für viele Vorstände von Ortsgruppen unangenehm ist, in das eFZ von Freunden Einsicht zu nehmen, kann man diese Aufgaben schriftlich delegieren (🗀 **Musterschreiben Delegation**) und sich z. B. mit anderen Ortgruppen zusammenschließen, um gemeinsam eine Person zu benennen, die die Einsicht vornimmt. Das Jugendamt hat übrigens von sich aus kein Recht, das eFZ einzusehen. Allerdings kann der freie Träger dieses Recht (schriftlich!) an den öffentlichen Träger delegieren. Die Einsicht in das eFZ muss dokumentiert werden (🗀 **Dokumentation Einsichtnahme**). Dabei darf nur das Datum des eFZ, das Datum der Einsichtnahme und die Information festgehalten werden, ob es eine Eintragung nach dem 13. Abschnitt des Strafgesetzbuchs gibt oder nicht. Hierbei ist der → Datenschutz (vgl. S. 33 f.) zu beachten. Bei einer entsprechenden Eintragung darf diese Person keine Aufgaben im Bereich der Kinder- und Jugendhilfe wahrnehmen.

Veranstaltungen von überregionalen Trägern

Wenn überregionale Aktionen angeboten werden, bei denen sich Ortsgruppen anmelden, dann sind die Leiterinnen dieser Gruppen dafür zuständig, entsprechend den Vereinbarungen mit ihren Kommunen zu handeln. Sollte es sich aber um eine Veranstaltung mit Anmeldung von Einzelpersonen handeln, dann müssen die Helfer der Ausrichter entsprechend ihren Vereinbarungen nach § 72a SGB VIII agieren.

Fördermittel

Die Fördermittel einer Kommune sind nicht an die Unterzeichnung einer Vereinbarung nach dem BKischG gebunden. Viele Kommunen machen das aber dennoch, und es lässt sich nicht viel dagegen unternehmen. Nur im Vorfeld kann man durch Mitarbeit im Jugendhilfeausschuss Einfluss nehmen.

> Die Fördermittel einer Kommune sind nicht an die Unterzeichnung einer Vereinbarung nach dem BKischG gebunden.

§ 8a SGB VIII

Der § 8a Abs. 4 besagt, dass alle, die nach dem SGB als freie Träger anerkannt sind, im Falle eines Verdachts auf Kindeswohlgefährdung eine Gefährdungseinschätzung vornehmen sollen. Hierzu ist eine ›insofern erfahrene Fachkraft‹ hinzuzuziehen. Diese Fachkraft wird vom Jugendamt gestellt. Sollte bei der Prüfung herauskommen, dass eine Familie Hilfe benötigt, soll dafür gesorgt werden, dass die Familie auch Hilfe annimmt. Das ist in unserem Notfallmanagement ohnehin vorgesehen.

Der § 8a ist für freie Träger, die Fachkräfte angestellt haben und eine professionelle pädagogische Betreuung bieten, entscheidend. Es geht vor allem um Jugendbildungsstätten und Offene Türen. Verbände sind damit meist nicht gemeint, da die Ortsgruppen keinen beruflichen Kontakt mit Kindern und Jugendlichen und die überregionalen Organe der Verbände keinen direkten Kontakt zu Kindern und Jugendlichen haben. Genau das wäre aber die Voraussetzung, um Adressat vom § 8a Abs. 4 zu sein.

Freie Träger, die z. B. einen offenen Jugendtreff betreiben und damit Adressat für die Umsetzung nach § 8a Abs. 4 sind, müssen laut Gesetz nicht aktiv werden, denn der öffentliche Träger hat den Schutzauftrag nach § 8a und deshalb auch die Aufgabe, entsprechende Vereinbarungen mit den freien Trägern zu schließen. Eine 🗀 **Mustervereinbarung § 8a** findet sich im Download.

Präventionsordnung

Die Präventionsordnung (PrävO) der Bistümer aus NRW und die daraus resultierenden Aufgaben für katholische freie Träger der Jugendhilfe sind zwar nur für katholische Träger verpflichtend, können aber nach Auffassung der Autoren leicht auch in andere kirchliche und nichtkirchliche Bereiche der Kinder und Jugendarbeit übertragen werden. Die geforderten Maßnahmen fließen in das → Konzept Notfallmanagement (Kapitel 4) ein.

Entwicklung eines Schutzkonzepts auf Grundlage einer Risikoanalyse

Die PrävO sieht vor, dass anhand einer Risikoanalyse ein Schutzkonzept erstellt wird. Da das gerade für kleine Träger schwierig ist, können sich mehrere Träger zusammenschließen. Auch die Dachverbände können ein gesamtes Schutzkonzept für ihre Ortsgruppen erstellen. Sollten schon Schutzkonzepte existieren, muss überprüft werden, ob sie den Anforderungen der PrävO genügen. Dafür sind bei katholischen Trägern die Präventionsstellen der Bistümer zuständig. Das Schutzkonzept muss in Zusammenarbeit mit allen Mitarbeiterinnen und den Kindern und Jugendlichen erarbeitet werden. Es muss regelmäßig alle fünf Jahre, außerdem nach jedem Vorfall mit sexualisierter Gewalt und bei struktureller Veränderung evaluiert werden. Sollte es zu einem Ereignis von sexualisierter Gewalt kommen, sind Schutzmaßnahmen zu installieren und ist die Öffentlichkeit zu informieren. Ereignisse wie z. B. in der Odenwaldschule zeigen, dass transparente Aufklärung hilft, einen größeren Schaden zu verhindern.

Auswahl geeigneter Personen

Zum Schutzkonzept gehört auch, dass nur geeignete Personen mit der Beaufsichtigung von Kindern beauftragt werden.

Zum Schutzkonzept gehört auch, dass nur geeignete Personen mit der Beaufsichtigung von Kindern beauftragt werden. Das soll u. a. im Einstellungsgespräch sichergestellt werden, in dem man auch *Prävention von sexualisierter Gewalt* zum Thema macht. Die → **Checkliste Auswahl Gruppenleitung** (S. 95 f.) zeigt Möglichkeiten, wie solche Gespräche auch mit ehrenamtlichen Mitarbeitern geführt werden können.

Erweiterte Führungszeugnisse und Selbstauskunftserklärung

Alle Mitarbeitenden (🗁 **Prüfschema Mustervereinbarung des BKiSchG**) müssen alle fünf Jahre ein eFZ abgeben, das nicht älter als drei Monate sein darf. Die Kosten trägt bei hauptberuflichen Mitarbeitenden (außer bei Neuanstellung) der Träger; bei Ehrenamtlichen ist das eFZ kostenfrei. Alle hauptberuflichen Mitarbeiterinnen müssen darüber hinaus einmalig eine 🗁 **Selbstauskunftserklärung** abgeben. Darin muss vermerkt sein, dass diese Person nicht wegen einer Straftat nach dem 13. Abschnitt des StGB verurteilt und auch kein Ermittlungsverfahren oder eine Voruntersuchung eingeleitet worden ist.

Verhaltenskodex

Außerdem ist es Aufgabe der Träger, einen Verhaltenskodex zu entwickeln. Dieser muss den Standards der Präventionsordnung entsprechen und folgende Themen berücksichtigen:

1. Sprache und Wortwahl,
2. angemessene Gestaltung von Nähe und Distanz,
3. Angemessenheit von Körperkontakt,
4. Achtung der Intimsphäre,
5. Zulässigkeit von Geschenken,
6. Umgang und Nutzung von Medien und sozialen Netzwerken,
7. Disziplinierungsmaßnahmen.

Der Kodex muss veröffentlicht werden und gut zugänglich sein, z. B. auf der Homepage des Trägers. Eine wichtige präventive Maßnahme gegen sexualisierte Gewalt ist das Einbinden von Kindern und Jugendlichen in die Präventionsarbeit. Deswegen muss der → Verhaltenskodex (S. 103 f.) partizipativ erstellt und die Mitarbeit dokumentiert werden. Er kann dann den Vorstellungen des jeweiligen Trägers angepasst werden. Der Verhaltenskodex muss nach Fertigstellung von allen Mitarbeitern unterschrieben werden. Es muss dokumentiert werden, wer unterzeichnet hat. Auch hier ist der Datenschutz zu beachten. Klar ist, dass Kinderbeteiligung Pflicht ist, aber die Verantwortung für die Prävention von sexualisierter Gewalt verbleibt bei den verantwortlichen Erwachsenen.

Der Verhaltenskodex muss partizipativ erstellt werden.

Abb. 19: Beschwerdemanagement in der Kinder- und Jugendarbeit

Beschwerdemanagement

Es kann trotz präventiver Maßnahmen doch zu sexualisierter Gewalt kommen. Wichtig sind transparente Beschwerdewege. Diese müssen in Handlungsleitfäden festgeschrieben sein. Ein Beispiel findet sich in der → **Checkliste Verhalten bei sexualisierter Gewalt** (S. 101 ff.). Danach müssen feste Ansprechpersonen benannt werden. Darüber hinaus ist jede Leitungsperson verpflichtet, Beschwerden aufzunehmen. Es kann außerdem sinnvoll sein, anonyme Beschwerdemöglichkeiten zu ermöglichen (z. B. einen Kummerkasten). Dabei muss deutlich gemacht werden, dass nicht personalisierte Beschwerden die Interventionsmöglichkeiten einschränken. Darüber hinaus müssen alle Kinder und Jugendlichen wissen, wo es Möglichkeiten gibt, sich außerhalb der Einrichtung zu beschweren.

Jede Leitungsperson ist verpflichtet, Beschwerden aufzunehmen.

Präventionsfachkraft

Jeder Rechtsträger muss eine geeignete ehren- oder hauptamtliche Person mit Ausbildung in Pädagogik, Psychologie oder Beratung benennen, die den Aufbau des Schutzkonzepts unterstützt. Mehrere Träger können sich zusammenschließen, oder der Dachverband kann für alle seine Ortsgruppen eine Person stellen. Diese Person muss eine Schulung zur Präventionsfachkraft besuchen.

Die Aufgaben der Präventionsfachkraft sind:

- Ansprechbar für Fragen sexualisierter Gewalt sein.
- Die Wege bei Verdacht auf sexualisierte Gewalt kennen.
- Beim Erstellen des Schutzkonzepts unterstützen.
- Das Thema Prävention wachhalten.
- Bei Präventionsprojekten beraten.
- Für Präventivangebote durch Fachpersonal für Kinder, Jugendliche und schutzbedürftige Erwachsene sorgen.
- Möglichen Schulungsbedarf von Mitarbeitenden benennen.
- Sich mit anderen Präventionsfachkräften vernetzen und austauschen.

Präventionsschulungen

Alle Mitarbeiterinnen müssen mindestens alle fünf Jahre geschult werden. Informationen zur Schulung können im 🗀 **Curriculum der PrävO** eingesehen werden. Schulungen können bei den Bistümern anfragt werden. Man kann sich auch zum Teamer ausbilden lassen und dann selbst Schulungen durchführen. Die Schulungen sollen folgende Ziele erreichen:

- Vermittlung rechtlichen und fachlichen Basiswissens zum Thema Kindeswohlgefährdung mit Fokus auf sexualisierter Gewalt
- Sensibilisierung für Gefährdungen, Hinweise und begünstigende Konstellationen für sexualisierte Gewalt
- Bewusstmachen der Rollen von Macht bei sexualisierter Gewalt
- Fähigkeit zur Selbstreflexion; wertschätzende Haltung gegenüber Kindern und Jugendlichen
- Erlernen von Präventivmaßnahmen, Förderung der Handlungsfähigkeit bei allen Formen sexueller Gewalt, Beratungsstellen kennen

2.6 Sexualpädagogik

Abb. 20: Sexualität gehört zum Leben.

Durch die zahlreichen Diskussionen um sexualisierte Gewalt hat das Thema »Sexualität« im Zusammenhang mit Schule und Jugendarbeit in den letzten Jahren eine negative Färbung bekommen. Auch dieses Buch beschäftigt sich eingehend mit der Gefahr vor sexualisierter Gewalt, weil es dazu gesetzliche Vorgaben gibt. Um ein besseres Gleichgewicht in das Thema einzubringen, erfolgt an dieser Stelle ein kleiner Überblick über wichtige Punkte zum Thema gesunde Sexualität. Durch den offenen Umgang mit der eigenen Sexualität können Gefährdungen wahrgenommen und verbalisiert werden, um im konkreten Fall in der Lage zu sein, sich entsprechend wehren zu können oder Hilfe in Anspruch zu nehmen. Die Sexualpädagogik gehört nach Meinung der Autoren unbedingt zu einer professionellen Präventionsarbeit.

Die Entwicklung einer gesunden und selbstbewussten Sexualität wird nur selten gefördert, weil das Thema trotz sexualisierter Medien erstaunlicherweise immer noch ein Tabuthema ist. Selbst in Schulen wird oft nur die technisch-biologische Seite beleuchtet. Präferenzen und deren Vielfalt werden nicht dargestellt. Dabei ist gerade die sexuelle Neigung bei der Partnerwahl bedeutsam. Viele Probleme in Beziehungen haben unter anderen ihren Ursprung in sexueller Unzufriedenheit.

Sexualität ist immer noch ein Tabuthema.

Aber auch einfache Fragen, etwa »Wie öffne ich einen BH?« oder »Wie baue ich Kondome lustvoll in das Sexleben ein?«, bleiben unbeantwortet. Solche Fragen beschäftigen aber Kinder und Jugendliche. Was in der Gebärmutter nach der Befruchtung der Eizelle passiert, ist für Kinder und Jugendliche zweitrangig – sie wollen Antworten zur unmittelbaren Praxis.

Sprechen über Sexualität

Die Kinder und Jugendlichen kommen z. B. mit den oben genannten Fragen zu den Leiterinnen in der freien Jugendhilfe, weil sie mit ihren Eltern bzw. ihren Erziehungsberechtigen nicht über Sexualität sprechen wollen. Gerade das stellt die Leiter oft vor ein Problem: die mangelnde Sprachfähigkeit. Wie soll über Sexualität gesprochen werden? Darf ich über Sexualität sprechen? Selbst professionelle Menschen wie Ärzte oder Therapeuten scheuen dieses Thema. Wichtig ist hier eine Enttabuisierung. Das bedeutet, dass Fragen von Kindern und Jugendlichen nicht umschifft oder ignoriert werden dürfen. Die Leiterinnen sollten mit ihren Schützlingen ins Gespräch kommen. Dabei hat jeder Mensch eine eigene Sprache beim Thema Sex. Die Sprache der Jugendlichen wird sich wahrscheinlich deutlich von der der Leiter unterscheiden. Leiterinnen sollten sich nicht von Begriffen wie z. B. »Möse« oder »Schwanz« abschrecken lassen. Eine neutrale Einstellung ist hier angezeigt. Die Leiter können diese Sprache aufgreifen und so den Kinder und Jugendlichen (und sich selbst) das Sprechen über Sex erleichtern. Grundsätzlich sollten die Leiterinnen in Fortbildungen Informationen zum Thema »Sexualität« einholen.

Sexuelle Präferenzen

Wichtig ist aber in jedem Fall: Die Leiter sollten den Fragen der Kinder und Jugendlichen mit Offenheit und Wertschätzung begegnen. Niemand ist krank aufgrund seiner sexuellen Präferenz!

Niemand ist krank aufgrund seiner sexuellen Präferenz.

Die Liste sexueller Präferenzen ist lang und kann leicht im Internet (z. B. bei Wikipedia) gefunden werden. Es lohnt sich, einen Überblick über die verschiedenen Formen der Sexualität zu gewinnen. Die sexuelle Neigung einer Person ist ›angeboren‹ und verändert sich im Leben nicht mehr. Homosexuelle können nicht umerzogen werden, und heterosexuelle Kinder werden nicht homosexuell, nur weil sie bei einem homosexuellen Paar aufwachsen. Deshalb ist es so wichtig, dass kein Mensch wegen seiner Vorlieben mit Verachtung gestraft wird. Hier ein kleiner, nur beispielhafter Überblick:

- Fetischismus, z. B. Fußfetischismus: Diese Menschen finden Füße erotisch.
- Transvestitischer Fetischismus oder auch Cross-Dressing: das Tragen von Kleidung des anderen Geschlechts.
- BDSM oder Sadomasochisms: Das beinhaltet auch Bondage, also das lustvolle Fesseln. Unter anderem bekannt geworden durch den Roman *Fifty Shades of Grey*.
- Frotteurismus: Das Reiben an fremden Personen zur sexuellen Stimulation.

Die genannten Beispiele sind alle im Bereich der Störung der Sexualpräferenz im ICD 10 (Internationale Klassifikation psychischer Störungen) gelistet. Das bedeutet zunächst nicht, dass diese Menschen krank sind. Eine Störung liegt erst vor, wenn der betreffende Mensch unter seiner sexuellen Präferenz leidet. Anzumerken bleibt, dass sich die gesellschaftliche Anerkennung sexueller Präferenzen im Laufe der Geschichte gewandelt hat. So war bis in die 90er-Jahre des vorigen Jahrhunderts Homosexualität noch in der Liste der sexuellen Störungen (ICD 10) aufgeführt.

In der Tat gibt es aber auch Präferenzen, die nicht mit unseren Gesetzen vereinbar sind. Hier gibt es gute Hilfeprogramme, die nicht den Menschen mit seiner Präferenz abwerten, sondern ihm helfen, nicht straffällig zu werden.

Praxis der Sexualität

Wie eingangs schon erwähnt, sind Antworten zur Praxis der Sexualität für Jugendliche besonders wichtig. Das ›erste Mal‹ ist Hauptthema und oft verbunden mit Ängsten. Anleitungen zur sachgerechten Benutzung eines Kondoms reichen bei Weitem nicht aus. Was vor 20 Jahren die Jugendzeitschrift *Bravo* mit der Fragerubrik »Dr. Sommer« dargestellt hat, bietet heute besser und ausführlicher das Internet (z. B. der youtube-channel: ›61 Minuten Sex‹ mit Gianna und Jan). Natürlich tauschen sich die Kinder und Jugendlichen in ihren Peergroups auch untereinander aus. Aber die Leiterinnen als erfahrene Menschen werden ganz bewusst als Adressaten für Fragen zum Thema Sex gewählt, wenn sich die Peergroup bei einem Thema nicht sicher ist. Das sind auch Fragen zu einer erfüllten und zufriedenen Sexualpraxis. Welche Themen wichtig sind, können die Kinder und Jugendlichen am besten selbst bestimmen. Ernsthaftigkeit gepaart mit einer angemessenen Portion Humor sind für solche Gespräche nicht unangenehm, sondern helfen den Kindern und Jugendlichen, selbstbewusster mit den Thema umzugehen und Ängste abzubauen.

Fortbildungen

Leiter sollten sich im Bereich Sexualpädagogik unbedingt fortbilden lassen. Noch bis in die 80er-Jahre des vorigen Jahrhunderts war Sexualität in der Ausbildung bei den Jugendverbänden ein großes Thema. Leider ist dieser Themenbereich aus den Ausbildungskonzepten der Verbände verschwunden. In jeder Stadt gibt es aber z. B. vom ›Sozialdienst katholischer Frauen‹ (SKF) oder ›pro familia‹ gute Fortbildungen zu diesem Thema.

Leiter sollten sich im Bereich Sexualpädagogik unbedingt fortbilden lassen.

2.7 Literaturempfehlung

Bertels, Gesa; Wazlawik, Martin (2013): Jugendliche und Kinder stärken. Für das Kindeswohl und gegen sexualisierte Gewalt. Düsseldorf: Verlag Haus Altenberg

Das Thema »Sexualisierte Gewalt« füllt Bücher. Dieses hier gehört zu den Standardwerken. Obwohl das Buch von 2013 ist und die neuen Gesetze hier noch nicht behandelt wurden, sind die Handlungsvorschläge und das Hintergrundwissen, das man in diesem Buch vermittelt bekommt, immer noch aktuell.

Buddeberg, Claus (2005): Sexualberatung. Eine Einführung für Ärzte, Psychotherapeuten und Familienberater. 4. Aufl. Stuttgart: Georg Thieme Verlag

Das Buch ist eine gute Einführung für alle, die in der Beratung arbeiten und das Thema Sexualität ansprechen wollen. Methodenbeispiele und Praxisanleitungen sind einfach und klar beschrieben.

Weitere Arbeitshilfen von Kirchen und anderen Institutionen sind unter dem Stichwort »sexualisierte Gewalt« zahlreich im Web verfügbar.

3. Theoretische Grundlagen der Notfallpädagogik

3.1 Präventionsverständnis

Prävention umfasst beim Notfallmanagement drei Bereiche. Mit diesem Konzept bewegen wir uns ausschließlich im Bereich der primären und sekundären Prävention. Tertiäre Prävention darf nur in Zusammenarbeit mit externen Professionellen begleitet werden.

Primäre Prävention

Die primäre Prävention umfasst Maßnahmen, die zur Verhinderung eines Notfalls durchgeführt werden, oder die Entschärfung konkret gefährlicher Orte, z.B. durch Regeln für das Verhalten im Straßenverkehr oder an einem Gewässer. Dazu gehören auch die Entwicklung einer persönlichen Haltung zum Thema und das Verständnis für die Notwendigkeit von Vorbereitung auf Notfälle. Um einen wirksamen Schutz für Kinder und Jugendlichen zu erreichen, müssen die Leiterinnen und Leiter eine Kultur der Sicherheit leben, denn nicht nur die Einhaltung von Sicherheitsregeln, sondern auch die Entwicklung »sicherheitskritische[r] Denk- und Verhaltensweisen«[2] ist dringend erforderlich. Dazu gehören Hinweise auf mögliche Sicherheitslücken und Maßnahmen, die Kinder stärken. Dabei darf aber nie die Verantwortlichkeit aus dem Fokus geraten: Die Verantwortung für den Schutz von Kindern und Jugendlichen liegt bei den Erwachsenen!

Die primäre Prävention umfasst Maßnahmen, die zur Verhinderung eines Notfalls durchgeführt werden.

In unserem System umfasst die primäre Prävention folgende Schritte:

- Risikoanalyse,
- Besuch von Schulungen: Erste Hilfe, Präventionsschulungen gegen sexuelle Gewalt, Hygiene-Schulungen usw.,

2 Steinbeis-Hochschule Berlin 2009, S. 32–33.

- Ausfüllen des Notfallplans,
- Lesen und Überarbeiten der Checklisten,
- Ausfüllen des Veranstaltungspasses und des Gesundheitsbogens,
- Umsetzen des Notfallplans nach Organigramm: Information des Ansprechpartners/Notfallmanagers am Notfallort/zuhause.

Sekundäre Prävention

Die sekundäre Prävention bedenkt alle Schritte, um eine bereits eingetretene Notfallsituation zu bearbeiten und den Opfern Hilfe zu leisten. Dazu gehören das Erkennen eines Notfalls sowie das Einleiten der nächsten Schritte. Dabei geht es, zeitlich gesehen, nicht nur um den unmittelbaren Notfall, sondern auch um den Zeitraum danach.

Die sekundäre Prävention bedenkt alle Schritte, um eine bereits eingetretene Notfallsituation zu bearbeiten.

Folgende Elemente des Notfallmanagements gewährleisten, dass alle Aufgaben der sekundären Prävention effektiv erledigt werden können:
- Notfallmappe,
- Notfallmanager,
- Notfallstab,
- Handbuch ›Notfallmanagement‹.

Tertiäre Prävention

Die tertiäre Präventionsarbeit ist nicht aktiver Teil der Kinder- und Jugendarbeit. Es ist Aufgabe der Verantwortlichen, auf Angebote externer und professioneller Anbieter aufmerksam zu machen und die Begleitung zu Beratungsstellen anzubieten. Gerade bei einem Notfall im Bereich der sexualisierten Gewalt gehört die tertiäre Präventionsarbeit in die Hände der Strafverfolgungsbehörden. Entsprechende Listen mit externen Hilfeangeboten zu verschiedenen Themen stehen im → ›Handbuch Notfallmanagement‹ (S. 127 ff.).

Es ist Aufgabe der Verantwortlichen, auf Angebote externer und professioneller Anbieter aufmerksam zu machen.

3.2 Notfallmodus

Seit der großen Katastrophe während der Loveparade in Duisburg im Jahr 2010 scheint die Meinung vorzuherrschen, dass Menschen in Notsituationen panisch reagieren; das ist aber nur selten der Fall. Bei der Loveparade haben eine Vielzahl von Fehlern in der primären und

Abb. 21: Im Notfallmodus herrscht höchste Konzentration

sekundären Präventionsplanung dazu beigetragen, dass es zu einer Panik kam. Menschen in Notfallsituationen handeln meist angemessen und helfen verletzten Personen. Sie sind geprägt von einem hohen Reaktionsvermögen und Gemeinschaftssinn. Außerdem erweisen sie sich als sehr belastbar. Dennoch ist dieses Verhalten nur eine Vorstufe zu dem Notfallmodus, der nötig ist, um schnell und geordnet einen Notfall effektiv zu bearbeiten. Dieser Notfallmodus ist erst durch umfangreiche Fortbildungen und gute Vorbereitung erreichbar. Dazu gehört auch, bei Notfällen von der üblichen Demokratie in der Kinder und Jugendhilfe zu einer sachbezogenen Notfall-Hierarchie zu wechseln. Mehr dazu in → Kapitel 4, S. 62 ff.

Der Notfallmodus ist nötig, um schnell, geordnet und effektiv einen Notfall zu bearbeiten.

3.3 Vom Stress zur PTBS

Stress begegnet uns in unbekannten und unkontrollierbaren Situationen. Allerdings macht jeder Mensch eine Situation erst durch seine eigene Bewertung zu einer Stress- oder normalen Situation. Es hängt davon ab, ob er in seinem Leben passende Bewältigungsstrategien entwickeln konnte.

Stress muss nicht immer negative Auswirkungen haben.

Stress muss nicht immer negative Auswirkungen haben. Er kann auch als Herausforderung oder Ansporn empfunden werden, um neue Situationen anzugehen. Dann handelt es sich um positiven Stress. Im allgemeinen Verständnis ist Stress aber negativ belegt.

Er wird mit Überbelastung und erhöhter Anspannung verbunden. Biologisch betrachtet ist eine Stresssituation ein Zustand, in dem sich der Körper bedroht fühlt und dementsprechend mit der Ausschüttung von Stresshormonen reagiert. In einer Stresssituation haben Menschen eigentlich nur zwei Alternativen: kämpfen oder flüchten *(fight or flight)*. Walter Cannon stellte die These auf, dass wir uns in Stresssituationen innerhalb von Sekunden für das eine oder andere entscheiden müssen. Sie müssen eine Situation dahingehend einschätzen und bewerten, ob sie zu bewältigen ist oder nicht. So sind Stresssituationen erst einmal Lernfelder für Menschen, die sie auf ähnliche Vorfälle vorbereiten.

Kann der Stress von einem Menschen nicht mehr mit Hilfe der eigenen Ressourcen bewältigt werden, kann es zu einer außergewöhnlichen Form von Stress kommen: zur Posttraumatischen Belastungsstörung (PTBS). Dieses Trauma zeichnet sich z.B. durch Flashbacks, Albträume, Schlafstörungen aus. Wenn sich ein Mensch nach einer Stresssituation im Verhalten verändert, sollte er bei einem Therapeuten vorstellig werden, eine frühzeitige Behandlung erhöht den Heilungserfolg. Auch präventive Behandlungen von Menschen, die noch keine Symptome zeigen, senken das Risiko, nach sehr belastenden Situationen an PTBS zu erkranken.

Abb. 22: Stress kann erdrücken

3.4 Von der Unmöglichkeit gelingender Kommunikation

Kommunikation ist das entscheidende Mittel zur Bearbeitung von Notfällen, → Checklisten in Kapitel 4. An dieser Stelle wird der Hintergrund von Kommunikation beleuchtet. Grafik 2 auf S. 58 verdeutlicht, wie kompliziert und schwer überschaubar Kommunikation eigentlich ist. Von der anfänglichen Information, die über allem schwebt, bleibt bei der Ankunft nur wenig übrig. Nicht sicher ist, ob A und B überhaupt noch über dieselben Informationen reden.

Kommunikation = Person, Umwelt und ihre Laune

Das Verhalten von Menschen ist immer unterschiedlich und nur schwer einzuschätzen. Dieter Gröschke beschreibt dazu eine Verhaltensformel: »V = f (P; U): Das konkrete Verhalten (V) einer Person (P) ist stets eine Funktion (f) von psychischen Dispositionen der Person (P) und den Bedingungen der jeweiligen Umwelt (U), in die das Individuum eingebettet ist.«[3] Auf das

Kommunikation ist das entscheidende Mittel zur Bearbeitung von Notfällen.

3 Gröschke 2005, S. 32.

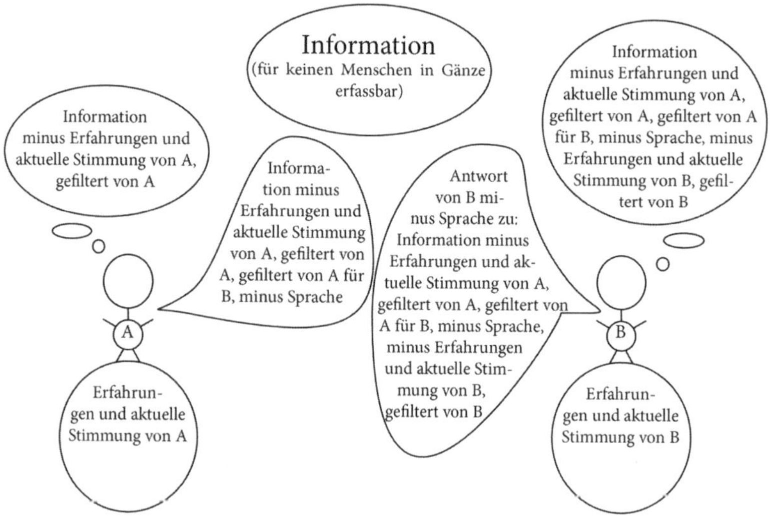

Grafik 2: Information durch Kommunikation – schematischer Ablauf

Thema ›Kommunikation‹ übertragen bedeutet das, dass Kommunikation, also das Senden und das Aufnehmen einer Nachricht, von persönlichen und biografischen Faktoren geprägt ist. Die jeweilige Person kommuniziert immer auf dem Hintergrund von in der Vergangenheit gesammelten Erfahrungen mit Erfolgen und Misserfolgen bei Kommunikationsvorgängen. Außerdem sind Umwelteinflüsse und die aktuelle Stimmung wichtige Faktoren.

Der Empfänger wählt aus verschiedenen möglichen Deutungen einer Nachricht eine konkrete Deutung aus. Damit werden – zumeist unbewusst –automatisch alle anderen möglichen Deutungen ausgeschlossen.

Kommunikation enthält viele Informationen

Kommunikation besteht aus einer vom Sender aufbereiteten Information, also zu einem Teil aus der ursprünglichen Information und zum anderen aus Interpretation. Der Empfänger muss die angebotene Information, die sich bereits von der ursprünglichen unterscheidet, verstehen. Er interpretiert die Nachricht und verändert sie so wiederum. Der Inhalt einer Nachricht kann noch so vermeintlich klar und verständlich präsentiert werden – über das Verstehen und den Inhalt entscheidet letztlich der Empfänger.

Fazit: »Ich weiß, dass ich nichts verstehe!«

Die vorangegangene Darstellung könnte zu der drastischen Schlussfolgerung führen: Menschen können sich grundsätzlich nicht verstehen. Etwas differenzierter ausgedrückt, könnte es bedeuten: Alles, was wir glauben verstanden zu haben, könnte auch ganz anders sein! Das heißt, wenn Kommunikation möglich gemacht werden soll, muss man sich sehr viel Mühe geben. Sonst kann das beschriebene Phänomen in Notfallsituationen hoch gefährlich werden. Denn aus Missverständnissen heraus können gefährliche Fehlentscheidungen getroffen werden. In unserem Notfallmanagement (NfM) liegt die Verantwortlichkeit der bewussteren Kommunikation beim Ansprechpartner zu Hause und beim Notfallmanager. Deshalb ist es ist wichtig zu erfragen: »Wer will was, von wem, wann, wie viel, wozu?«[4] Es ist also essentiell zu klären, was das Anliegen des Anrufers ist, der sich in einer Notsituation befindet, und welcher Auftrag sich daraus für den Ansprechpartner zu Hause oder für den Notfallmanager ergibt. Näheres dazu im → Kapitel 5.

Alles, was wir glauben verstanden zu haben, könnte auch ganz anders sein!

3.5 Die Kopfschlag-Methode

Notfallmanager in Betrieben oder Rettungskräfte besuchen eine Vielzahl von Schulungen, in denen sie theoretisch und praktisch auf das Verhalten in Notfällen vorbereitet werden. Durch die Arbeitsroutine haben solche Personen auch im ›Notfallmodus‹ genug gespeichertes Wissen, um bei schnellem Entscheidungsbedarf auf eingeübte Reaktionsmuster, gesetzliche Regelungen, psychologische Kenntnisse und nicht zuletzt auf eigene Erfahrungen zurückgreifen zu können.

Ehrenamtliche und hauptberufliche Kräfte in der Kinder- und Jugendarbeit verfügen über dieses Wissen in der Regel nicht und sehen sich in Entscheidungssituationen mit der Frage konfrontiert: »Ist das jetzt richtig?« Es gibt niemanden, mit dem man sich schnell kurz austauschen kann, und eine lange Diskussion ist angesichts einer schnell zu treffenden Entscheidung auch nicht zielführend.

Wir empfehlen in einem solchen Moment die »Kopfschlag-Methode«. Sie bietet die Möglichkeit, in einer kritischen Situation einen Moment innezuhalten, um unter Einbeziehung des »gesunden Menschenverstan-

4 Schlippe 2012, S. 237.

des« angemessene und schnelle Entscheidungen treffen zu können. Wir gehen davon aus, dass immer dann, wenn es keine greifbaren Regeln gibt oder wenn bestehende Regeln im Moment unsinnig erscheinen, das intuitive Bauchgefühl ein guter und sicherer Ratgeber ist.

Die Anleitung für die Kopfschlag-Methode, die gerade nicht allein den Kopf, sondern den Bauch aktivieren soll, ist denkbar einfach:

> Schlag dir kurz in Gedanken an den Kopf und stell dir die Frage: »Was würde meine Oma jetzt tun?«

Abb. 23: Die Kopfschlag-Methode

Die Oma funktioniert als Spiegel für schnelle Situationen deshalb gut, weil sie für diejenigen steht, die durch viel Lebenserfahrung und Besonnenheit auch schwierige Lebenssituationen gemeistert haben. Der kurze Schlag an den Kopf verhilft dazu, die bloße Aktion für einen Moment zu unterbrechen, um nach einer kurzen Pause mit frischen Gedanken weiteragieren zu können.

3.6 Literaturempfehlung

Schlippe, Arist von/Schweitzer, Jochen (2013): Lehrbuch der systemischen Therapie und Beratung 1. Das Grundlagenwissen. 2. Aufl. Göttingen: Vandenhoeck & Ruprecht

Dieses Buch von Schweitzer und Schlippe ist das Standardwerk zu systemischer Beratung und Therapie. Von einem geschichtlichen Überblick bis hin zu konkreten Methoden findet sich in diesem Buch alles Wissenswerte für den angehenden systemischen Berater.

Tegtmeier, Catrin/Tegtmeier, Michael A. (2014): PTBS – das unsichtbare Leid. Posttraumatische Belastungsstörung; Handbuch für Einsatzkräfte und deren Angehörige; [E-Book inklusive]. 2. Aufl. Regensburg: Walhalla-Fachverlag

Will man das Thema Stress und Posttraumatische Belastungsstörung vertiefen, ist man mit diesem Buch gut beraten. Hier werden unterschiedliche Theorien zum Thema Stress gegenübergestellt und die PTBS in den geschichtlichen Kontext gesetzt. Außerdem gibt es einen Überblick über Behandlungsmöglichkeiten.

4. Das Notfallmanagement-Konzept

Unser Notfallmanagement-Konzept (NfM-Konzept) wurde in Anlehnung an das Konzept der Deutschen Pfadfinderschaft Sankt Georg (DPSG) im Diözesanverband Münster entwickelt. Über einen mehrjährigen Entwicklungsprozess und vielfältige Praxiserfahrungen wurden Strukturen und Bausteine entwickelt, die für Einzelgruppen, Schulen, aber auch Vereine und größere Zusammenschlüsse anwendbar sind.

Zunächst werden alle wichtigen Punkte für die Vorbereitung einer Veranstaltung vorgestellt und in einen zeitlichen Ablauf gebracht. Ausgehend von den in → Kapitel 1 vorgestellten Risikofaktoren und dem in → Kapitel 2 beschriebenem Thema »Sexualisierte Gewalt« steht an erster Stelle die Anleitung für eine Risikoanalyse. Diese bildet die Basis für notwendige Präventionsmaßnahmen, die zur Verhinderung von Notfällen beitragen sollen.

Im Fall der Fälle greift dann das NfM-System. Entsprechend der Größe der Veranstaltung, den personellen und strukturellen Ressourcen der Organisation, gibt es die Möglichkeit, sich ein individuelles System zusammenzustellen, das auf die jeweilige Situation passt. Das NfM-Konzept besteht aus dem Basis-Baustein »Notfallmappe« und zwei Aufbau-Bausteinen. Aufbaustein 1 »Notfallmanager« (NfMan) beschreibt eine Möglichkeit der Erweiterung des NfM. Hier kümmert sich eine kleine Gruppe um die Besetzung eines Notfalltelefons. Die nächste Stufe stellt den Aufbau-Baustein 2 »Notfallstab« (NfSt) dar. Dieser besteht aus drei Personen, die sich drei Fachbereiche teilen; sie sind Profis in ihrem Bereich.

Notfälle sind komplexe Phänomene, die einer komplexen Herangehensweise bedürfen. Deshalb gilt bei Notfallmanagement-Konzepten der Leitsatz: Nur Komplexität reduziert Komplexität!

Es soll aber nicht nur um die Absicherung von Veranstaltungen gehen; auch das in der PrävO geforderte institutionelle Schutzkonzept ist mit diesem Konzept umsetzbar. Die einzelnen Elemente sind auch beim Einsatz an einem festen Standpunkt anwendbar. Hier muss die Notfallmappe im Büro oder Gruppenraum einen festen Platz haben und der darin enthaltene Notfallplan in Raum sichtbar aufgehängt werden.

4.1 Zeitplan

Eine erfolgreiche Veranstaltung beginnt mit einer guten Idee. Um diese auch realisieren zu können, ist es sinnvoll, einen Zeitplan unter Berücksichtigung möglichst vieler Rahmenbedingungen für die Vorbereitung, Durchführung und Nachbereitung zu erstellen. Gerade auf die Nachbereitung ist großes Augenmerk zu legen, da hier wichtige Punkte wie die Abrechnung, die Reflexion und nicht zuletzt das zeitintensive Aufräumen erledigt werden müssen.

Auf die Nachbereitung ist großes Augenmerk zu legen.

Alle wesentlichen Aufgaben, aber auch die personellen Ressourcen werden übersichtlich und für alle Beteiligten in einem Zeitplan transparent dargestellt.

Hier wird ein Zeitplan in einer klassischen Tabellenform vorgestellt. Es gibt viele weitere Möglichkeiten zu einer übersichtlichen Darstellung des gesamten Projektablaufs, z. B. in Form einer Mindmap. Außerdem gibt es Internetportale, die kostenlos leicht zu bedienende Online-Anwendungen für die Planung von Projekten anbieten. Diese können in der Regel die Aufgabenplanung mit einem Kalender verknüpfen. Der Vorteil ist, dass die Daten für alle Beteiligten jederzeit aktuell und online verfügbar sind.

Entscheidend ist, dass alle Beteiligten die gewählte Arbeitsplattform akzeptieren und mit ihr arbeiten können.

Die auch im Download vorliegende 🗀 **Checkliste Veranstaltungsvorbereitung** beinhaltet alle in diesem Buch beschriebenen Themen. Sie sind bereits in eine zeitliche Abfolge eingeordnet, die jedoch individuell angepasst werden kann. Außerdem können weitere, auch inhaltliche Punkte für die Vorbereitung, Durchführung und Nachbereitung ergänzt werden.

Checkliste Veranstaltungsvorbereitung

Vor der Ausschreibung

Aufgabe	Hilfsmittel	Zuständig	Erledigen bis
Erstellung eines Projektplans	Checkliste Veranstaltungsvorbereitung Internetplattform		
Festlegung verantwortlicher Personen: - Veranstaltungsleitung - Leitungen für bestimmte Aufgabenbereiche - Gruppenleitungen - Verantwortlicher zu Hause bzw. im Büro der Organisation	Checkliste Auswahl Gruppenleitungen Vertraulichkeits- und Datenschutzerklärung		
Festlegung von Rahmendaten für die Veranstaltung: - inhaltliche Ausrichtung - Termin - Teilnehmerzahl und entsprechend notwendige Anzahl der Leiter - Zielgruppe bzw. Alter der Teilnehmer - Anmeldeschluss			
Ermittlung der geplanten Einnahmen und Ausgaben und Erstellung einer Kalkulation	Kalkulationsschema		
Durchführung der Risikoanalyse und Verteilung der dabei entstehenden Aufgaben	Risikoanalyse		
Festlegung von Maßnahmen zur Prävention Sexualisierter Gewalt	Einordnung Ehrenamtlicher Tätigkeiten Mustervereinbarung nach § 72a Umsetzung 8a und Mustervereinbarung Verhaltenskodex gegen Sexualisierte Gewalt		

Aufgabe	Hilfsmittel	Zuständig	Erledigen bis
Entscheidung, in welcher Form ein Notfallmanagementsystem eingeführt wird			
Besichtigung des Veranstaltungsortes			
Genehmigung der Veranstaltung durch die Organisation/Schulleitung			
Abschluss von Verträgen z. B. - Unterkunft - An- und Abreise - Evtl. Insolvenzversicherung			
Erstellung einer Ausschreibung	Teilnahmebedingungen		

Sechs Monate vorher

Aufgabe	Hilfsmittel	Zuständig	Erledigen bis
Material checken: - Zeltmaterial (Vollständigkeit, Reparaturbedürftigkeit, Sicherheit) - Küchengeräte (Gasprüfung, elektrische Sicherheit) - Fahrzeuge, Anhänger (Hauptuntersuchung, Reparaturen)			
Material versichern: - Wertermittlung (Kaufpreis, Anschaffungsdatum) - Prüfung, ob langfristige oder kurzfristige Versicherung besteht bzw. abgeschlossen werden soll - Inventarordner anlegen			

Aufgabe	Hilfsmittel	Zuständig	Erledigen bis
Hygienebestimmungen für Ferienlager: - Beschäftigung mit der Lebensmittelhygiene-verordnung - Planung Infektions-schutzbelehrung beim Gesundheitsamt für alle Personen, die in der Küche arbeiten - Planung Hygienekonzept - Planung evtl. notwendiger Anschaffungen			
Schutzkonzept zur Prävention von sexualisierter Gewalt: - Planung von Präventions-schulungen - Planung formaler Abläufe	🗀 Muster Selbstauskunftserklärung 🗀 Vorlage zur Beantragung eines Führungs-zeugnisses 🗀 Vorlage zur Dokumentation der Einsicht-nahme		
Beantragung von Zuschüssen unter Beachtung der jeweiligen Förderrichtlinien			
Notfallmanagement installieren: - Funktionen besetzen - Organisatorische Maß-nahmen planen - Schulungen planen und durchführen	🗀 Handbuch Notfallmanagement		

Zwei bis drei Monate vorher

Aufgabe	Hilfsmittel	Zuständig	Erledigen bis
Notfallmanagement informieren: - Notfallplan und Teilnahmeliste weiterreichen - Notfallmappe anlegen	🗀 Notfallplan 🗀 Teilnahmeliste		

Aufgabe	Hilfsmittel	Zuständig	Erledigen bis
Abschließende Überprüfung des Versicherungsschutzes: - Sachversicherung - Personenversicherung			
Bei Fahrten ins Ausland: Über aktuelle länderspezifische Besonderheiten informieren	Internet: Auswärtiges Amt		
Planung und Durchführung eines Elternabends mit Informationsfunktion: - Schutzkonzept - Notfallmanagement			

Einen Monat vorher

Aufgabe	Hilfsmittel	Zuständig	Erledigen bis
- Gesundheitsbogen von allen Teilnehmenden ausfüllen lassen - Veranstaltungspässe erstellen	🗁 Gesundheitsbogen Veranstaltungspass		
Sicherheitscheck: Sind alle Aufgaben, die sich aus der Risikoanalyse ergeben haben, abgearbeitet?			

Bei der Abfahrt

Aufgabe	Hilfsmittel	Zuständig	Erledigen bis
Einsammeln von Impfausweisen und Krankenversicherungskarten: den Notfallumschlägen zuordnen	Gesundheitsbogen		
Transportfahrzeuge: - Sind alle Fahrer ausgeruht?			

Aufgabe	Hilfsmittel	Zuständig	Erledigen bis
- Ist die Ladung gesichert? - Sichtkontrolle des Busses: Bei Unsicherheit polizeiliche Überprüfung verlangen			

Während der Veranstaltung

Aufgabe	Hilfsmittel	Zuständig	Erledigen bis
Überwachung aller festgelegten Maßnahmen - Hygiene - Finanzplanung - Überprüfung Unwetterwarnungen			
Am Ende: Reflexion der Veranstaltung mit allen Beteiligten	Methodisches Vorgehen am Ende der Veranstaltung Online-Umfrage		

Nach der Veranstaltung

Aufgabe	Hilfsmittel	Zuständig	Erledigen bis
Abrechnung der Maßnahme: - Prüfung der Rechnungen - Abrechnung von Zuschüssen - Rechnerischer Abschluss - Entlastung der für die Finanzen verantwortlichen Personen			
Überprüfung des Lagermaterials auf Schäden und Vollständigkeit			
Einlagerung des Lagermaterials			
Reflexion der Veranstaltung mit den Leitungspersonen			

4.2 Risikoanalyse

Eine Risikoanalyse ist im betrieblichen Notfallmanagement ein übliches Verfahren, um Faktoren zu ermitteln, die für den Betrieb und die Mitarbeiter selbst, aber auch für die Umgebung gefährdend sind. Manche Faktoren sind Risikofaktoren, dienen aber gleichzeitig auch der Sicherheit.

Manche Faktoren sind Risikofaktoren, dienen aber gleichzeitig auch der Sicherheit.

Ausgehend von der Risikoanalyse haben die Verantwortlichen in den Betrieben bzw. in bestimmten Fachabteilungen eine Grundlage für Maßnahmen, die ergriffen werden müssen, um die Sicherheit zu verbessern. Ein Betrieb wird damit leben müssen, dass sich nicht alle Unternehmensrisiken auf Null reduzieren lassen. Deshalb ist es erforderlich, ein gewisses Risiko zu akzeptieren.

Diese Risikoakzeptanz gilt auch für schulische Veranstaltungen oder für solche der Kinder- und Jugendarbeit. Die unvermeidbaren Risiken müssen jedoch *bewusst* in Kauf genommen werden. Sie dürfen sich nicht einfach einschleichen und dann unbeachtet bleiben. Für diese Risiken müssen minimierende Maßnahmen getroffen werden. Die Entscheidung über die Höhe des zu tragenden Risikos trifft die Veranstaltungsleitung bzw. die Schulleitung in dem Maße, wie sie es verantworten kann.

Die 🗀 **Checkliste Risikoanalyse** (→ S. 70 ff., auch als Download) ermöglicht, auch ohne Fachkenntnis über betriebliches Sicherheitsmanagement Risiken für Veranstaltungen zu ermitteln. Die Analyse ist in Risikobereiche (→ Kapitel 1) gegliedert und kann leicht innerhalb einer Stunde erledigt werden. Die genannten Faktoren können je nach Bedarf ergänzt werden.

Die Risikoanalyse kann leicht innerhalb einer Stunde erledigt werden.

Die Faktoren werden am besten innerhalb des Leitungsteams nacheinander beschrieben und entsprechend der Skala bewertet. Einzelne Faktoren können dabei sowohl Sicherheit begünstigen als auch zu Gefahren führen; sie bekommen daher zwei Bewertungen. Mit dieser Vorarbeit hat das gesamte Leitungsteam eine Übersicht über die bestehenden Risiken. Konkrete Maßnahmen können dann auch in kleineren Teams, z. B. im Küchenteam, bei den Materialverantwortlichen oder in der Betreuerrunde, besprochen und festgelegt werden. Dies betrifft alle Faktoren, die im Folgenden nicht mit »0« bewertet werden.

Wenn alle getroffenen Verabredungen in die Tabelle eingetragen werden, sind alle präventiven Maßnahmen vorbildlich und nachvollziehbar dokumentiert.

Checkliste Risikoanalyse

Faktor begünstigt Sicherheit

0 unwahrscheinlich oder irrelevant

– 1 wahrscheinlich

–2 sehr wahrscheinlich

Faktor führt zu einer Gefahr

2 sehr wahrscheinlich

1 wahrscheinlich

0 unwahrscheinlich oder irrelevant

Risikofaktor	Beschreibung	-2	-1	0	1	2	Bemerkung/ Maßnahmen
1. Örtliche Lage							
Klimatische Besonderheiten	Hier ist die Jahreszeit zu beachten, in der die Veranstaltung stattfindet: Sommer, Mitteleuropa.			X			
Witterungseinflüsse	Es könnte im Sommer zu Unwettern kommen.				X		Täglich die Unwetterwarnung checken.
Gebirge	Kein Gebirge in der Nähe						
Gewässer	Bach in der Nähe. Ca. 1 m tief Gefahr hineinzufallen.				X		Veranstaltungsregel: Nur in Begleitung eines Leitenden zu Bach gehen.
Entfernung zum nächsten Ort	Dorf, 2,5 km entfernt: Gefahr Landstraße.				X		Veranstaltungsregel: Nur in Begleitung eines Leitenden zu Dorf gehen.
2. Umgebung und Infrastruktur							
Straßen	s. o.: Gut befahrbare Straßen erleichtern die Erreichbarkeit für Rettungskräfte, sowie die An- und Abreise, können aber auch ein Sicherheitsrisiko für die Teilnehmer darstellen.				X		s. o.
Schienenverkehr	Nein						
Gebäude in der Nähe	Bauernhaus	X					
Polizei	Im Dorf gibt es eine Polizeiwache.		X				
Krankenhäuser	Im Dorf gibt es ein Krankenhaus.		X				

Risikofaktor	Beschreibung	-2	-1	0	1	2	Bemerkung/ Maßnahmen
Feuerwehr	Im Dorf gibt es eine Feuerwehrwache.		X				
Ärzte	Im Dorf gibt es mehrere Ärzte.		X				
Sporthallen	Im Dorf gibt es zwei Sporthallen. Können im Notfall zur Evakuierung dienen. Die Telefonnummer des Hausmeisters lautet ...	X					Telefonnummer in den Notfallplan aufnehmen.
Sportanlagen, Bäder	Ein Freibad ist im Dorf vorhanden. Schwimmaufsicht muss nicht selbst organisiert werden.	X					
Behörden					X		Ein nettes Schreiben an den Bürgermeister richten, eventuell mit einer Referenz des eigenen Bürgermeisters.
Kirchengemeinden	Es gibt zwei Kirchengemeinden in der Nähe. Die Seelsorger sind über ein Notfallhandy rund um die Uhr zu erreichen. Seelsorger sind im Notfall wichtige Ansprechpartner.	X					Telefonnummer in den Notfallplan aufnehmen.
Wohngebäude	Wohngebäude gibt es in der näheren Umgebung nicht.						
Veranstaltungsgelände							
Gebäude	Auf dem Zeltplatz ist eine Holzhütte mit einem Aufenthaltsraum, einem Raum für Kühlschränke, einem abschließbaren Lagerraum und den Sanitäranlagen vorhanden. Zur Unterbringung von Personen, Aufenthalts- und Lagerraum.	X					Nutzen!
Abgrenzung des Geländes	Das Gelände ist rundum nicht abgesichert, insbesondere zum angrenzenden kleinen Fluss. Die Grenzen sind jedoch durch einen kleinen Wall gekennzeichnet.				X		Teilnehmer auf das Gewässer hinweisen.

Risikofaktor	Beschreibung	-2	-1	0	1	2	Bemerkung/ Maßnahmen
Beschaffenheit des Geländes	Wiesengelände, in einer Ecke wächst Bärenklau.					X	Den Platzbesitzer bitten, den Bärenklau zu entfernen, andernfalls den Bereich absperren und die Teilnehmer auf die Gefahr hinweisen.
Beleuchtung	Ist in der Hütte vorhanden.				X		
Zufahrt	Ist gut ausgebaut.						
Parkplätze	Sind neben der Zufahrt vorhanden.	X					
Rettungszufahrt	Funktioniert gut über die Zufahrt.	X					
Sicherheitseinrichtungen							
Zutrittskontrolle	Ist nicht vorhanden und auch nicht notwendig.			X			
Brandmeldeanlage	Ist nicht vorhanden und auch nicht notwendig.			X			
Erste-Hilfe-Einrichtungen	Ist nicht vorhanden.					X	Erste-Hilfe-Koffer und Beschilderung mitnehmen.
Fluchtwege und Beschilderung	Ist nicht vorhanden.					X	Sammelplatz markieren und beschildern.
Feuerlöscher	Ein Feuerlöscher, mit überschrittener Fälligkeit zur Prüfung ist vorhanden.					X	Feuerlöscher mitnehmen.
Verschließbarkeit von Fenstern und Türen	Die Türen der Hütte lassen sich verschließen, Schlüssel sind vorhanden.	X					
Notfallplan	Ist vorhanden.	X					Muss ausgefüllt werden.
3. Hygiene							
Sanitäranlagen für Teilnehmer	Saubere Sanitäranlagen in ausreichender Zahl sind vorhanden.	X					
Küche für die Gruppenverpflegung	Nicht vorhanden, nur ein Lagerraum, der allerdings verschmutzt ist.					X	Lagerraum gründlich reinigen bzw. reinigen lassen.
Küche selbst aufgebaut	Küchenzelt mit festem Boden ist vorhanden.	X					

Risikofaktor	Beschreibung	-2	-1	0	1	2	Bemerkung/ Maßnahmen
Persönliche Hygiene für das Küchenpersonal	Handwaschgelegenheit, Einmalhandtücher etc. sind in der eigenen Ausstattung vorhanden.	X					
Beschaffenheit der Küchengeräte	Einige Holzbretter und Holzkochlöffel sind verfärbt, sonst ist alles vollständig und gereinigt.				X		Holzgeräte durch Kunststoffgeräte ersetzen.
Beschaffenheit der Arbeitsflächen	Die eigene Edelstahl-Arbeitsfläche wurde im letzten Jahr vom örtlichen Schlosser gesponsert und ist in einem TOP-Zustand.	X					
Haltbare und verpackte Lebensmittel	Lebensmittel werden nicht direkt verzehrt, sondern in der Küche zubereitet. Lagermöglichkeiten stehen zur Verfügung.		X				
Lebensmittel mit bestimmten Lagervorschriften	Milchprodukte Rohe Fleischwaren Selbst hergestellte Salate (zum Grillfest) Kühlbox ist nicht vorhanden. Hier empfiehlt es sich, die unterschiedlichen Lebensmittel aufzuzählen.				X		Kühlbox im Großmarkt ausleihen.
Lebensmittel mit bestimmten Lagervorschriften	Der Lagerraum bietet mit Regalen und mehreren Kühlschränken die entsprechenden Möglichkeiten.		X				
Mülllagerung in Gebäuden	Nicht notwendig.			X			
Mülllagerung außerhalb von Gebäuden	Müllbehälter sind nicht vorhanden.				X		Müllbehälter vom örtlichen Entsorgungsbetrieb organisieren.
Verarbeitung von Lebensmitteln	Werden im Küchenzelt zubereitet.				X		Auf Sauberkeit achten!
Lebensmittelausgabe	Erfolgt im Aufenthaltsraum der Hütte.				X		Lebensmittel, wenn nötig abdecken, keine rohen, leicht verderblichen Waren auf das Buffet stellen. Ggf. nur kurz und in kleinen Portionen anbieten.

Risikofaktor	Beschreibung	-2	-1	0	1	2	Bemerkung/ Maßnahmen
Leitung des Verpflegungsbereichs, Kochteam	Leitung hat mehrjährige Erfahrungen und auch eine Hygieneschulung besucht.	X					
Küchenhelfer	Zwei Helfer haben ebenfalls Erfahrung, zwei werden im Lager neu angelernt, teilweise helfen auch die Kinder mit.				X		Helfer zur Hygieneschulung anmelden. Neue Helfer mit den Hygieneregeln vertraut machen, die Kinder vor jeder Aktion entsprechend belehren.
4. Finanzen							
Kalkulation der Veranstaltung	Ist durchgeführt. Durch Defizit des letzten Jahres ist keine große Rücklage vorhanden.				X		Kirchengemeinde hat sich bereit erklärt, im Notfall einzuspringen.
Anmeldeverfahren	Anmeldung ging etwas zu spät raus. Dadurch sind einige Teilnehmer zum Lager des Sportvereins gewechselt.				X		Werbung für die Veranstaltung machen, Stornofrist des Lagerplatzes in den Blick nehmen, um die Veranstaltung möglichst günstig absagen zu können.
Zuschüsse	Sind beantragt. Gemeinde hat Zuschuss um 50 Cent pro Teilnehmer und Tag gekürzt.				X		Lagerbeitrag wurde erhöht.
Einnahmen und Ausgaben im Vorfeld der Veranstaltung	Sind geplant, passt mit der Zahlung der Teilnehmerbeiträge.	X					
Reparaturen	waren noch nicht notwendig, stehen jedoch nach dem folgenden Lager an.		X				Bereits beim Aufräumen einplanen.
Anschaffung von Material	2 neue Zelte wurden mit städtischen Mitteln beschafft,	X					
Bargeld	Wird mitgenommen, kann gut im Lagerraum eingeschlossen werden.	X					

Risikofaktor	Beschreibung	-2	-1	0	1	2	Bemerkung/ Maßnahmen
Überwachung der Finanzen	Neuer Finanzwart, hat aber Erfahrung.			X			Zur Schulung anmelden.
Abrechnung	s. o.			X			s. o.
5. Technische Sicherheit							
Stromversorgung	Ist vorhanden. Leitungen sind neu verlegt.	X					
Wasserversorgung	Ist in einem guten Zustand.	X					
Gasversorgung	Eigene Gasgeräte müssen überprüft werden.				X		Örtlichen Installateur beauftragen.
Transportmittel	LKW wird von der Örtlichen Spedition gesponsert.	X					
Transportsicherungen	Fahrer ist damit vertraut.		X				
Werkzeuge und Geräte	Handwerkskoffer ist in Ordnung, weitere Geräte werden nicht mitgenommen.			X			
Telefonanschluss	Ist nicht vorhanden.			X			Lagerhandy mitnehmen.
Zeltmaterial	s. o.	X					
6. Teilnehmerschutz							
Verbindliche Anmeldung der Teilnehmer (Vertragliche Bindung)	Hat etwas gedauert (s. o.) ist aber rechtlich top.	X					
Teilnahmebedingungen	Sind vom Dachverband übernommen.	X					
Wahrnehmung der Aufsichtspflicht über Minderjährige	Fremde und bekannte Kinder fahren mit, Lagerregeln wurden gemeinsam beim Vortreffen abgestimmt.		X				
Fachliche Eignung der Leitungspersonen	Alle Leitungspersonen haben eine Juleica-Ausbildung und mehrere Jahre Erfahrung.	X					

Risikofaktor	Beschreibung	-2	-1	0	1	2	Bemerkung/ Maßnahmen
Persönliche Eignung der Leitungspersonen	Bis auf einen Leiter, der sich mitunter nicht an gemeinsame Absprachen hält, sind alle gut geeignet.		X				Ein Gespräch mit dem Betreffenden führen und ggf. Konsequenzen ziehen.
Personendaten werden erhoben	Ja, auf dem Lagerlaptop.		X				Passwortschutz nur für autorisierte Personen einrichten.
Zusammenarbeit der Leitungspersonen bei der Vorbereitung	Lief eigentlich gut bis auf s. o.		X				s. o.
Zusammenarbeit der Leitungspersonen während der Veranstaltung	Eigentlich gute Erfahrungen und eingespieltes Team bis auf s. o.		X				s. o.
7. Sexualisierte Gewalt							
Mit welcher Zielgruppe arbeitet die Organisation?	Kinder von 9–14 Jahren, Schutzkonzept und Verhaltenskodex muss jeder Leitende kennen.				X		Jeder Leitende muss eine Präventionsschulung besucht haben.
Bestehen besondere Gefahrenmomente?	Z. B. für Menschen mit Behinderungen, bestimmte Altersgruppen.		X				
Gibt es Regeln für einen angemessenen Umgang mit Nähe und Distanz oder ist dies den Beschäftigten überlassen?	Die Regeln sind im Verhaltenskodex festgelegt.		X				Verstöße gegen den Verhaltenskodex werden bestraft, das kann bis zum Ausschluss aus den Verein führen.
Entstehen besondere Vertrauensverhältnisse und wie kann vorgebeugt werden, damit diese nicht ausgenutzt werden?	Ja, Regeln dazu stehen im Verhaltenskodex.		X				Verstöße gegen den Verhaltenskodex werden bestraft, das kann bis zum Ausschluss aus den Verein führen.

Risikofaktor	Beschreibung	-2	-1	0	1	2	Bemerkung/ Maßnahmen
Finden Übernachtungen statt, sind Wohn- und Transportsituationen vorhanden?	Ja, Regeln dazu stehen im Verhaltenskodex.		X				Verstöße gegen den Verhaltenskodex werden bestraft, dass kann bis zum Ausschluss aus den Verein führen.
Gibt es spezifische bauliche Gegebenheiten, die Risiken bergen?	Nein, die Zelte sind getrennt und es sind immer sechs Personen in einem Zelt.			X			
Gibt es Fachwissen auf allen Ebenen der Organisation?	Ja, durch die Pflicht der Teilnahme an der Präventionsschulung.			X			
Gibt es nicht aufgearbeitete Vorerfahrungen mit sexualisierter Gewalt?	Nein.						
Gibt es klar formulierte Zuständigkeiten? Werden diese tatsächlich ausgefüllt, oder gibt es informelle Strukturen?	Ja. Nein, die Strukturen sind in der Notfallmappe klar beschrieben.			X			Sollte jemand sich nicht an die Strukturen halten, wird der Fall geprüft und ggf. Sanktionen verhängt.
Welche Kommunikationswege bestehen in der Organisation, sind sie transparent oder leicht manipulierbar?	Die Kommunikationswege sind klar beschrieben und werden jährlich geprüft.			X			
Wie positioniert sich der Träger zum Thema, für welche Aufgaben ist dieser zuständig und wie unterstützt er den weiteren Prozess?	Die Position findet sich im Verhaltenskodex. Die Präventionsschulung wird kostenfrei zur Verfügung gestellt. Es gibt eine Person, die sich um die Weiterentwicklung des Schutzkonzeptes kümmert.			X			

Risikofaktor	Beschreibung	-2	-1	0	1	2	Bemerkung/ Maßnahmen
Gibt es wirksame präventive Maßnahmen bei bereits identifizierten Risiken?	Es gibt regelmäßige Schulung für die Kinder, um sie zu stärken. Außerdem gibt es ein leicht verständliches Beschwerdemanagement.			X			
Welche Bedingungen, Strukturen oder Arbeitsabläufe könnten aus Tätersicht bei der Planung und Umsetzung von Taten genutzt werden?	Aufsichtspersonen dürfen nur zu zweit mit den Kindern arbeiten. So soll verhindert werden, dass es zu Übergriffen kommt. Regeln werden regelmäßig geprüft.				X		

4.3 Was ist ein Notfall?

Notfallmanagement ist kein Ersatz für Rettungsdienste oder Notfallseelsorge. Es ist eine Ebene für Gruppen, die in Notfällen auf Menschen zurückgreifen können, die ihnen dann beratend zur Seite stehen. Außerdem soll das NfM die Leitung vor Ort beruhigen und für einen klareren Blick auf die Situation sorgen. Das NfM sieht sich also in der zweiten Reihe hinter den Verantwortlichen der Veranstaltung.

Jedes NfM muss für sich selbst definieren, was ein Notfall ist. Es sollte klar sein, dass nicht die Notfälle gemeint sind, bei denen Feuerwehr oder Polizei angerufen werden müssen. Die Nummer des NfM wird in solchen Fällen immer nachrangig informiert. Hier soll keine zweite ›Feuerwehr‹ aufgebaut werden.

Hier soll keine zweite ›Feuerwehr‹ aufgebaut werden.

Für die Ortsgruppen bei der DPSG wurde der Notfall immer als eine Situation dargestellt, in der Hilfe von außen notwendig erscheint. Dabei definiert jeder Leiter den Notfall selbst. Wie die Evaluationen zeigen, war diese Entscheidung nicht zum Nachteil, denn nur so konnte das System erprobt werden. Außerdem verloren die Leitungen die Angst, die Notfallnummer zu wählen. Das bedeutet in diesem Konzept, dass jeder Anrufer selbst entscheidet, was der Notfall ist. Das kann alles – vom Streit in der Leiterrunde bis hin zum schweren Unfall – sein.

Für die Notfallmanager und den Notfallstab gibt es (→ Kapitel 5) eine detaillierte Darstellung von Notfallarten, um einzuschätzen, was die nächsten Schritte sein können. Den Ortsgruppen dagegen wurde diese Darstellung bewusst nicht bekannt gegeben. Es ist nämlich davon auszugehen, dass eine detaillierte Einteilung eher zu Unsicherheit führt, ob nun ein Notfall vorliegt oder nicht. Ohne dieses detaillierte Wissen wird der Zugang zum NfM ohne falsche Bedenken erleichtert.

4.4 Basis-Baustein »Notfallmappe«

Der Baustein »Notfallmappe« bildet die Grundlage für jedes Notfallmanagement. Hier findet sich eine umfangreiche Sammlung von Hinweisen zur Prävention von Notfällen und von Hilfestellungen für den Notfall. Neben Checklisten, einem Verbandbuch, Schildern usw. ist auch der Notfallplan enthalten. Er stellt das Kernelement des NfM dar und ist darüber hinaus das größte präventive Element des gesamten Systems.

Die im weiteren Verlauf des Kapitels verteilten Rollen, wie z. B. Notfallmanager, Ansprechpartner zu Hause usw., verändern sich, wenn das System größer wird. Wo jetzt an manchen Stellen Rollendoppelungen auftreten, wird das System im weiteren Verlauf dieses Kapitels entzerrt.

Der Baustein »Notfallmappe« bildet die Grundlage für jedes Notfallmanagement.

Aufbau »Notfallmappe«

Die »Notfallmappe« ist der zentrale Sammelpunkt für alle Notfallinformationen, die für die Veranstaltung relevant sind. Die Mappe sollte nur den verantwortlichen Leiterinnen und Leitern zugänglich sein, um den Datenschutz der Teilnehmer zu wahren.

Die »Notfallmappe« enthält:

- Notfallorganigramm, das die Hierarchie (Rollenverteilungen und Zuständigkeiten) im Notfall darstellt,
- Notfallplan als zentrales Element der Notfallmappe,
- Gesundheitsbogen mit den ärztlich relevanten Daten aller Teilnehmenden,
- Veranstaltungspass,

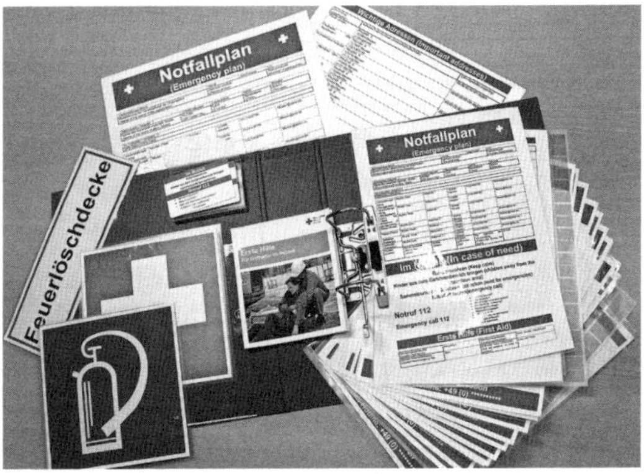

Abb. 24: Die Notfallmappe

- Checklisten zur verschiedenen Situationen,
- Verhaltenskodex gegen sexualisierte Gewalt,
- weitere Hilfselemente je nach konkreter Veranstaltung.

Alle Inhalte werden im Folgenden genau dargestellt und erklärt. Alle Unterlagen stehen zum Download bereit und können an die jeweilige Organisation und Situation angepasst werden. Die Notfallmappe sollte robust und wassergeschützt gestaltet sein. Deshalb werden die meisten Inhalte laminiert oder sind aus Kunststoff.

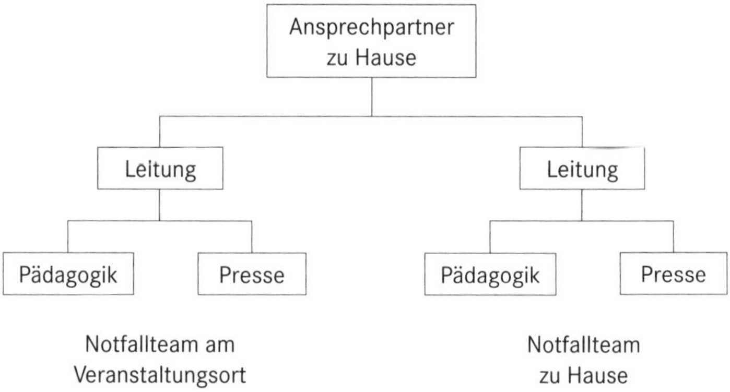

Grafik 3: Das Notfallorganigramm – Basisbaustein

Das konkrete Notfall-Organigramm stellt im Vorfeld für alle Leitenden transparent dar, wie die Rollen im Notfall verteilt sind. Diese Zuständigkeiten müssen unbedingt vor einem möglichen Notfall festgelegt werden, da im Notfall selbst für eine Rollenverteilung keine Zeit mehr bleibt. Anschließend werden die besetzten Positionen im Notfallplan vermerkt. Wenn möglich, sollten Rollen doppelt besetzt werden. Damit eine Vertretung klar ist, sollte die Regelung bei einem möglichen Ausfall der ersten Person Teil des Notfalls sein. Außerdem ist eine klare Hierarchie im Notfall wichtig.

Die Zuständigkeiten müssen unbedingt vor einem möglichen Notfall festgelegt werden.

Die gerade auch für Jugendverbände typische Demokratie stößt hier an ihre Grenzen. Im Notfall muss die Leitung die nächsten Schritte schnell und unkompliziert entscheiden können, ohne sich erst mit allen Betroffenen und eventuellen Amtsträgern abstimmen zu müssen. Verzögerungen können bei schweren Unfällen schlimmere Folgen haben als eventuelle Fehlentscheidungen, gerade wenn es um Personenrettung geht.

Das Organigramm sollte während einer Veranstaltung an zwei Stellen klar abgesprochen sein. Einmal am Veranstaltungsort und dann zu Hause bei dem im Notfallplan vermerkten Ansprechpartnern. Außerdem ist es wichtig, diese Positionen klar und eindeutig zu beschreiben. Im Folgenden findet sich ein kurzer Abriss zu den Rollen. Details werden im → Kapitel 5 dargestellt.

Am Veranstaltungsort

Während des Notfalls muss natürlich zuerst vor Ort gehandelt werden. Dazu müssen die Ersthelfer klar benannt sein (s. Notfallplan). Zu empfehlen sind drei Kategorien: Koordiniert werden sollte der Notfall von der Leitung am Veranstaltungsort, Presse und Seelsorge sind in der Wichtigkeit untergeordnet.

1. *Leitung:* Damit sind die Veranstaltungsleitung vor Ort und deren Vertretung gemeint. Im optimalen Falle ist die Vertretung nicht vor Ort, sondern kommt im Notfall hinzu. Das hat den Vorteil, dass diese Person nicht so stark von dem Notfall betroffen ist und so einen »klaren Kopf« behalten kann. Die Leitung hat die Entscheidungsgewalt.

   Die Leitung hat die Entscheidungsgewalt.

2. *Presse:* Im Notfall kann es dazu kommen, dass Presse eintrifft und O-Töne (Original-Töne) von den Beteiligten haben möchte. Dies sollte verhindert werden, da Teilnehmende im Notfall kaum überlegte Aussagen treffen können. Eine Person, die sich vorher mit der Thematik auseinandergesetzt hat, kann hier für Entlastung sorgen. Alle wichtigen Informationen zum Umgang mit Pressevertretern finden sich im → Kapitel 5.
3. *Seelsorge:* Die Teilnehmenden müssen während des Notfalls, kurz nach dem Notfall und in manchen Fällen noch Monate danach seelsorgerisch und psychotherapeutisch versorgt werden. Die konkreten Schritte sind in den → Checklisten ab S. 96 aufgeführt. Sie sind wichtig, um die Teilnehmenden vor psychischem Schaden zu bewahren und um einer möglichen Traumatisierung entgegenzuwirken.

Zu Hause

Das Notfallmanagementsystem soll die Leitung am Veranstaltungsort entlasten. Das kann nur geschehen, wenn die Zuständigen zu Hause klar organisiert haben, wer welche Rolle übernimmt. Der Ansprechpartner wird erst informiert, wenn die Rettungskräfte vor Ort schon alarmiert sind und die heiße Phase des Notfalls vorüber ist.

1. *Leitung:* Die Rolle übernimmt der im Notfallplan vermerkte »Ansprechpartner zu Hause«. Er ist in diesem Fall Notfallmanager und Leitung zugleich. Er arbeitet Anfragen der Leitung am Veranstaltungsort ab und informiert beispielsweise die Sorgeberechtigten.
2. *Presse:* Presseanfragen können durch eine Person zu Hause abgefangen werden. So kann Pressevertretern die Notfallnummer gegeben und darauf verwiesen werden, dass gewünschte Informationen dort zu bekommen sind. Außerdem kann diese Person von sich aus die Presse nach dem Notfall informieren und so die nötige Transparenz schaffen.
3. *Seelsorge:* Die Seelsorge zu Hause ist dafür zuständig, Hilfestellungen zu organisieren, die nach dem Notfall zum Tragen kommen. Die Vermittlung von psychotherapeutischen Angeboten oder der Hinweis auf zuständige Beratungsstellen gehören in diesen Bereich.

Abb. 25: Aktion »BOB ist cool« – BOB trinkt nicht

»BOB ist cool«

Neben den im Notfallorganigramm genannten Rollen kann es bei Freizeitveranstaltungen unter älteren Jugendlichen hilfreich sein, dass zwei Personen die aus Belgien bekannte »BOB«-Rolle übernehmen. Das bedeutet, dass sie auf das bei Veranstaltungen übliche Feierabendbierchen verzichten und komplett nüchtern bleiben. Für einen BOB gilt die 0,0-Promille-Grenze! Schon geringe Mengen Alkohol können die Risikoeinschätzung verzerren. Als Erkennungszeichen für einen im Dienst befindlichen BOB trägt dieser einen Anhänger. So kann jeder erkennen, dass dieser Mensch heute keinen Alkohol trinkt, um Auto fahren zu können. Als Honorar für diesen Einsatz ist es üblich, dass von Kneipen und Diskotheken (natürlich alkoholfreie) Freigetränke zur Verfügung gestellt werden. Das ist aber nur eine kleine Entschädigung. Die Vergünstigungen für den »BOB« müssen besonders attraktiv sein. Das wird nicht in jeder Organisation die gleiche Belohnung sein. Deswegen müssen diese Anerkennungen vorher gut im Team abgestimmt werden. Das Amt sollte täglich rotieren. Für die Amtsinhaber kann es hilfreich sein, nicht den Verzicht auf Alkohol zu fokussieren, sondern die dadurch entstandenen Vorteile.

Für einen BOB gilt die 0,0-Promille-Grenze!

Notfallplan

Der 🗀 **Notfallplan** ist das zentrale Element der Notfallmappe und des Notfallmanagement-Systems. Es handelt sich hier also um eine Auflistung von wichtigen Adressen und Namen. Darüber hinaus finden sich in der Mappe in Stichpunkten die wichtigsten Hinweise für das Verhalten im Notfall. Auch wird gefordert, dass die Standorte von verschiedenen Sicherheitseinrichtungen (Feuerlöscher, Erste-Hilfe-Kasten und Löschdecke) angegeben sind. Vor der Veranstaltung sind die Gegebenheiten vor Ort zu recherchieren, z. B. wo es das nächstgelegene Krankenhaus gibt. Außerdem ist die Rolle des Ersthelfers festzulegen. Natürlich ist der Notfallplan in Deutsch und Englisch gehalten, damit ausländische Gäste den Plan lesen und verstehen können.

Der Notfallplan ist eine Auflistung von wichtigen Adressen und Namen.

Der Notfallplan wird nicht nur in der Notfallmappe gelagert, sondern soll auch für alle sichtbar (am besten in A3 und laminiert) ausgehängt werden. So können alle (!) Teilnehmenden im Notfall auf die wichtigen Nummern zurückgreifen und einen Notruf absetzten. Auch Kinder und Jugendliche können gute Ersthelfer sein.

Darüber hinaus muss der Ansprechpartner zu Hause mit seinem Team auf den Notfallplan zugreifen können, um den Leitenden und Teilnehmenden im Notfall konkret helfen zu können. Der erste Abschnitt des Notfallplans ist nur für Veranstaltungen gedacht. Für das Schutzkonzept zu Hause, z. B. bei einem offenen Jugendtreff oder einen Aufenthalt in der Jugendherberge, entfällt dieser Abschnitt. Die eigene Heimatadresse zu notieren ist aber durchaus sinnvoll, da gerade Kinder sie nicht unbedingt parat haben und auch Erwachsene sie in einer Notsituation temporär vergessen können.

Der Notfallplan enthält auf einen Blick:

- Teilnahmezahl, Dauer und Name der Veranstaltung,
- GPS-Daten: wichtig für abgelegene Orte,
- Verantwortliche für die Veranstaltung,
- die in ganz Europa identische Notrufnummer,
- alle wichtigen Infos zum Verhalten im Notfall, inklusive der fünf Ws,
- Standort der Hilfeeinrichtungen,
- alle wichtigen Adressen; bei Ärzten und Apotheken inklusive recherchierter Öffnungszeiten,
- im Ausland wichtig: Kontaktdaten der Botschaft.

Der Notfallplan

Notfallplan
(Emergency plan)

Aktion 15 / Jugendgruppe Heavyweights	14.05.2015	17.05.2015	127
Bezeichnung der Veranstaltung / der Organisation (Name of event / of organization)	Zeitraum von/bis (Event period)		Teilnahmezahl (Number of participants)

Aktionsplatz	Hauptstr. 101	1234 Pusemuckel	NRW	Deutschland
Name des Veranstaltungsortes (Name of event location)	Straße (Street)	PLZ/Ort (ZIP-Code/ City)	Land (Country)	Bundesland (State)

51.4774983	8.1239611,12
GPS Daten des Veranstaltungsortes (GPS data of event location)	

Nothalle	Sicherweg 1	1234 Pusemuckel	NRW	Deutschland
Evakuierungshalle (evacuation building)	Straße (Street)	PLZ/Ort (ZIP-Code/ City)	Land (Country)	Bundesland (State)

Veranstaltungsleitung (Management)	Max Leitung	Asphalt Str. 53	1234 Pusemuckel	0151 *********	max@leitung.de
Veranstaltungsleitung (Management)	Linda Leiterin	Langer Weg 23	1234 Pusemuckel	0170 *********	linda@leiterin.de
Leitung des Trägers (Organization Management)	Ulrike Obermatz	Schöne Straße 1	1234 Pusemuckel	0171 *********	ulrike@obermatz.de
Presse (Press)	Peter Fotomann	Digital Pfad 78	1234 Pusemuckel	0170 *********	peter@fotomann.de
Presse (Press)	Katharina Stift	Buch Weg 9	1234 Pusemuckel	0152 *********	katharina@stift.de
Seelsorge (Counselling)	Sebastian Geist	Heiligen Damm 90	1234 Pusemuckel	0176 *********	sebastian@geist.de
Seelsorge (Counselling)	Sarah Kümmerle	Satz Str. 34	1234 Pusemuckel	0174 **********	sarah@kümmerle.de
Position (Position)	Name, Vorname (Name, first name)	Straße (Street)	PLZ/Ort (ZIP-Code/ City)	Tel. während der Veranstaltung (Phone number during the event)	E-Mail

Im Notfall (In case of need)

Ruhe bewahren (Keep calm)
Kinder aus dem Gefahrenbereich bringen (Get children away from hazardous area)
Sammelpunkt bei Gefahren (Assembly point in case of emergencies)
Notruf absetzen (Emergency Call)

Notruf 112

Emergency 112

- Wo ist es passiert?
- Was ist passiert?
- Wie viele Menschen sind verletzt?
- Welche Art der Verletzung?
- Warten auf Rückfragen!
- Where **did it happen?**
- What **happend?**
- How many **people are injured**
- What **type of injury?**
- Wait **for questions!**

Erste Hilfe (First Aid)

Standort Verbandskoffer (Location of First Aid Kit)	Raum 4	Standort Feuerlöscher (Location of Fire Extinguisher)	Kaminraum
Standort Rote Notfallmappe (Location of Red Emergency File)	Raum 3	Ersthelfer: mindestens zwei Personen (First-Aiders: at least two persons)	Paul Helferlein, Katrin Aid

Wichtige Adressen (Important addresses)

Einrichtung (Organization)	Adresse / Telefonnummer (Address / Phone Number)	Öffnungszeiten (Office Hours)
Polizei (Police)	Hauptstr. 64 1234 Pusemuckel 0251-********* 110	Mo–Fr 09:00–18:00 Uhr Notruf 24h
Feuerwehr (Fire Brigade)	Wehrweg 8 1234 Pusemuckel 0251-********* 112	Mo–Fr 09:00–18:00 Uhr Notruf 24h
Krankenhaus (Hospital)	Verbandsstr. 78 1234 Pusemuckel 0251-*********	Mo–Fr 09:00–18:00 Uhr Notdienst Sa, So 08:00–22:00 Uhr
Allg. Mediziner (Gen. Practitioner)	Medweg 11 1234 Pusemuckel 0251-*********	Mo–Fr 09:00–18:00 Uhr
Augenarzt (Oculist)	Brillenpfad 34 1234 Pusemuckel 0251-*********	Mo–Fr 09:00–18:00 Uhr
Zahnarzt (Dentist)	Kronenstr. 66 1234 Pusemuckel 0251-*********	Mo–Fr 09:00–18:00 Uhr
Kinderarzt (Paediatrician)	Mumpsweg 70 1234 Pusemuckel 0251-*********	Mo–Fr 09:00–18:00 Uhr
Frauenarzt (Gynaecologist)	Hauptstr. 3 1234 Pusemuckel 0251-*********	Mo–Fr 09:00–18:00 Uhr
Ansprechpartner des Veranstaltungsorts (Contact of Event Location)	Eduard Held Hauptstr. 101 1234 Pusemuckel 0251-********* 0171-**********	Täglich 09:00–18:00 Uhr
Giftnotzentrale (Poison Control Centre)	Giftnotzentrale Charite Berlin +49 30-19240	24h
Ärztlicher Notdienst (Emergency Medical Service)	116 117	24h
Apotheke (Pharmacy)	Pillendreher Weg 12 1234 Pusemuckel 0251-*********	Täglich 09:00–18:00 Uhr Notdienst 24h
Deutsche Botschaft (German Embassy)	Embassy Weg 4 1234 Pusemuckel 0251-*********	Mo–Fr 09:00–18:00 Uhr
Seelsorger vor Ort (Counselling on Site)	Pfarrer Heinz 1234 Pusemuckel 0251-*********	24h
Gemeinde / Stadtverwaltung (City Council)	Hauptstr. 1 1234 Pusemuckel 0251-*********	Mo–Fr 09:00–18:00 Uhr
Ansprechpartner zuhause (Contact Person at Home)	Maria Kranz Nebenstr. 7 1234 Pusemuckel 0251-*********	24h

Name der Organisation

Notfall-Hotline (Emergency-Hotline): +49 (0) **********

Teilnahmelisten

Im Notfallplan wird zwar nach der Gesamtteilnahmezahl gefragt, aber wer bei einem Notfall im Zweifelsfall fehlt, ist so nicht zu ermitteln. Gerade bei größeren Veranstaltungen kann in Stresssituationen ein Teilnehmer leicht übersehen werden. Die 🗀 **Teilnahmeliste** muss daher immer vor Ort greifbar sein. Wichtig ist, diese Liste zu laminieren und so gegen Feuchtigkeit zu schützen. Außerdem muss der Ansprechpartner zu Hause über diese Daten verfügen. So kann er die Rettungskräfte über die Namen der Leitung und der Teilnehmerinnen in Kenntnis setzen, damit klar ist, nach wem gesucht werden muss. Sollten Teilnehmer nur eine bestimmte Zeit anwesend sein, so ist das in der Teilnahmeliste zu vermerken. So wird im Notfall keine Person vergessen.

So wird im Notfall keine Person vergessen.

Hier wird nicht nur nach den Kontaktdaten der Teilnehmer, sondern ganz bewusst auch nach den Daten eines Kontakts zu Hause gefragt. Für nicht volljährige Teilnehmende ist das unverzichtbar.

Die Teilnahmeliste

Veranstaltungsname	Datum	Ort
Aktion 15/Jugendgruppe Spaßbacken	14.05.2015–17.05.2015	Aktionsplatz, Hauptstr. 101, 1234 Puselmuckel, NRW, Deutschland

Nr.	Name, Vorname	Adresse	PLZ Ort	Geburts-datum	Handy	Position	Aufenthalts-dauer	Kontakt zu Hause	Handy des Kontaktes zu Hause
001	Müller, Mia	Kurzer Weg 2	1234 Pusemuckel	25.12.2005	0151 **********	Schülerin	14.05.-17.05.15	Mama	0152 **********
002	Langhans, Peter	Johannes Pad 1	1234 Pusemuckel	03.04.2006	0151 **********	Schüler	14.05.-16.05.15	Mama und Papa	0152 **********
003	Schmitz, Linus	Kanonen-graben 34	1234 Pusemuckel	06.03.2005	0151 **********	Schülerin	14.05.-17.05.15	Papa	0152 **********
004	Hafer, Sabine	Selbestr. 76	1234 Pusemuckel	08.09.2005	0151 **********	Schülerin	14.05.-15.05.15	Mama	0152 **********
005	Kling, Fritz	Gleicherweg 90	1234 Pusemuckel	11.07.2006	0151 **********	Schüler	15.05.-17.05.15	Mama und Papa	0152 **********
006	Politza, Ralf	Superstr. 21	1234 Pusemuckel	05.06.2005	0151 **********	Schüler	14.05.-17.05.15	Papa	0152 **********
007	Karlson, Karl	Gerade Str. 87	1234 Pusemuckel	07.11.1991	0151 **********	Leiter	14.05.-17.05.15	Mama	0152 **********
008	Hausner, Klara	Schiefer Weg 2	1234 Pusemuckel	24.06.1990	0151 **********	Leiterin	14.05.-17.05.15	Mama und Papa	0152 **********
009									
010									

Evakuierungsplan

Am Veranstaltungsort müssen die Abläufe für den Notfall klar sein. Im Notfallplan und im Notfallorganigramm sind die wichtigsten Zuständigkeiten festgehalten. Für kleine Veranstaltungen oder regelmäßige Treffen an einem festen Ort wird das ausreichend sein, aber für größere Aktionen muss zusätzlich ein Evakuierungsplan erstellt werden.

Dazu gehört eine Karte, auf der alle für den Notfall relevanten Orte markiert und beschriftet sind (Veranstaltungsort, Erste-Hilfe-Station, Sammelpunkte, Fluchtwege usw.).

Des Weiteren wird beschrieben, wie die konkreten Abläufe im Notfall sind: Wer die Warnwesten an Helfer herausgibt, wer für welchen Sammelpunkt zuständig ist, wer die Teilnehmenden zählt usw.

Bei Unwetterwarnungen müssen eindeutige Signale vereinbart werden, z. B. das Hissen von verschiedenen Fahnen, um den aktuellen Zustand anzuzeigen. Im Fall eines Unwetters muss die im Notfallplan verzeichnete ›Evakuierungshalle‹ aufgesucht werden.

Es muss auch klar sein, wer das Geschehen und die eingeleiteten Maßnahmen dokumentiert (Maßnahme, Datum, Zeit, Ort, Personen).

Gesundheitsbogen

Der **Gesundheitsbogen** eines Teilnehmenden enthält die wichtigsten Angaben zu dessen Krankheiten und Unverträglichkeiten. Außerdem ist ein Formular beigefügt, mit dem die Eltern die Aufsichtspflicht in bestimmten Punkten an die Leitenden übertragen. Des Weiteren werden hier noch einmal die wichtigsten Adressen der Kinder und ihrer Erziehungsberechtigten für den Notfall abgefragt. Diese Daten sind auch für den Notfallmanager/Ansprechpartner zu Hause wichtig. Wir empfehlen Ortsgruppen, diese Daten inklusive Impfpass und Krankenkassenkarte in einer Dokumentenmappe zu lagern. Das hat den Vorteil, dass sie zum einen gegen Feuchtigkeit geschützt und zum anderen einzeln herausnehmbar sind. So kann die Mappe einer bestimmten Teilnehmerin mit ins Krankenhaus genommen werden, während die Mappen der anderen Teilnehmer am Ort verbleiben. Der Gesundheitsbogen wurde von diversen Fachleuten entwickelt, unter ih-

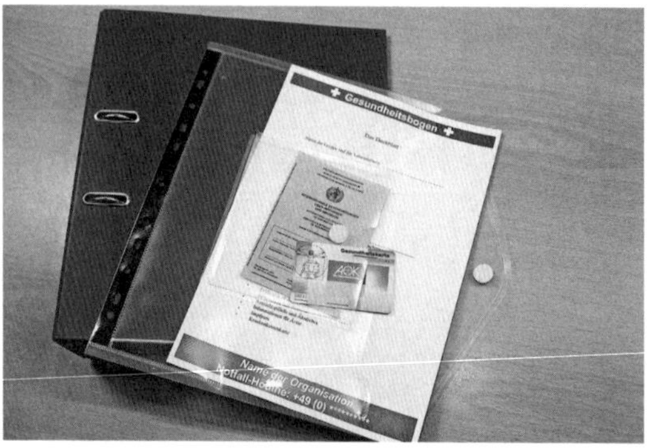

Abb. 26: Ein Gesundheitsbogen für jede teilnehmende Person, gesammelt in der Dokumentenmappe

nen befinden sich Ärzte, Juristinnen und Sanitäter. Dennoch ist dieser Bogen weder eine rechtliche Beratung, noch ist er juristisch unanfechtbar. Er soll helfen, Unsicherheiten zu vermeiden und den Teilnehmenden und Leitenden im Notfall die bestmögliche Versorgung sichern.

Gesundheitsbogen

- Um den Gesundheitsbogen eines Kindes im Notfall schnell zu finden, wird der Name groß auf das Deckblatt geschrieben!
- Die Erziehungsberechtigten erhalten eine Anleitung zum Ausfüllen und zum Umgang mit dem Gesundheitsbogen.
- Die generelle Zustimmung der Erziehungsberechtigten zur Teilnahme ihres Kindes an der Veranstaltung wird eingeholt. Außerdem werden die Kontaktdaten der Erziehungsberechtigten festgehalten.
- Zur Sicherheit werden Ausweichansprechpartner abgefragt. Ersatz-Anschrift (z. B. Großeltern).
- Die Zustimmung der Erziehungsberechtigten zur Übertragung der Aufsichtspflicht wird eingeholt. Außerdem wird u. a. erfragt, ob ein Kind von Allergien u. Ä. betroffen ist.
- Die wichtigsten Informationen für Ärzte werden erfragt. Im Notfall oder Krankheitsfall ist es unabdingbar, diese Informationen zur Verfügung zu haben und sie nicht erst telefonisch erfragen zu müssen. Dies birgt immer die Gefahr, sie nicht bzw. nicht rechtzeitig zur Verfügung zu haben, wenn die Erziehungsberechtigten nicht zu erreichen sind.

Name der Gruppe und der Veranstaltung/ *Name of organization and name of event*
Gesundheitsbogen von/ *Medical documents for*
Name des Teilnehmenden/ *Name of participant*
Inhalt/ *Content* - Erklärung an die Erziehungsberechtigten/ *Declaration for guardians*

- Personalien und Adressen/
  Personal data and addresses
- Aufsichtspflicht und Ähnliches/
  Supervisory duty and similar
- Informationen für Ärzte/
  Information for doctors
- Impfpass/
  Certificates of vaccination/vaccination record
- Krankenkassenkarte/
  Health insurance card

Liebe Erziehungsberechtigte,
natürlich hoffen wir, dass es nicht zu Notfällen kommt. Sollte jedoch eine unvorhergesehen Situation eintreten, möchten wir sicherstellen, dass wir in jeder Situation die bestmöglichen Entscheidungen treffen können. Dazu ist Ihre Mitarbeit notwendig.
Dieser Fragebogen ist in zwei Bereiche aufgeteilt. Der erste Teil befasst sich mit Fragen der Aufsichtspflicht und betrifft Informationen, die es den Helfern erleichtern, Ihrem Kind zu helfen. Im zweiten Teil werden gesundheitliche Fragen gestellt, die von den Leiterinnen und Leitern und im Notfall von den Rettungskräften eingesehen werden. Der Datenschutz wird dabei gewährleistet. Bitte füllen sie den Fragebogen vollständig aus, damit im Notfall keine Missverständnisse entstehen.

Vielen Dank
Ihre Veranstaltungsleitung

Dear guardians,
of course we hope that there won't be any emergencies. However, in case of emergency, we want to make sure that we can make the best decision in any situation. Therefore we need your cooperation. This form is divided into two sections. The first section deals with the questions of duty of supervision and with general information about your child that will make it easier for the assistants to help him/her. In the second section you will find questions concerning your child's health that can be used by the camp leader and in case of emergency by paramedics. The protection of data privacy will be guaranteed.
Please answer all questions, so that misunderstandings are impossible.

Thank you,
The event managers

Name des Kindes/ *Surname of Child*	
Vorname des Kindes/ *First Name of Child*	
Straße/ *Street*	

PLZ, Ort/ *ZIP Code, City*	
Geburtstag/ *Date of Birth*	
Name der Veranstaltung/ *Name of Event*	
Name des Veranstalters/ *Name of organizer*	
Datum des Veranstaltungs- zeitraums/ *Date of Event*	
Veranstaltungsort PLZ, Ort/ *ZIP Code, City*	

Ich bin/Wir sind damit einverstanden, dass mein/unser Kind an der Veranstaltung teilnimmt./
Our child is allowed to join the event.

Bei Notfällen verständigen Sie bitte/
In case of emergency, please contact:

Privatadresse der bzw. des Erziehungsberechtigten/
Address of guardians

Ersatzanschrift (z. B. Großeltern)
Alternative address (e. g. grandparents)

Name/ *Name*	
Vorname/ *First Name*	
Straße/ *Street*	
PLZ, Ort/ *ZIP Code, City*	
Telefon privat/ *Private phone number*	
Telefon, dienstlich/ *Phone number at work*	
Mobil/ *Cell number*	
E-Mail *Email*	

Bin ich/Sind wir nicht zu erreichen, benachrichtigen Sie bitte/
If you can't reach me/us, please call:

Name/ *Name*	
Vorname/ *First Name*	
Straße/ *Street*	
PLZ, Ort/ *ZIP Code, City*	
Telefon, privat/ *Private phone number*	
Telefon, dienstlich/ *Phone number at work*	
Mobil/ *Cell number*	
E-Mail/ *Email*	

Er/Sie ist in diesem Fall berechtigt, die Aufsichtspflicht zu übernehmen/
They are entitled to take care of my/our child.

Ort/Datum
place and date/

Unterschrift sämtlicher Erziehungsberechtigter
Signature of all guardians

Name und Vorname des Kindes: ______________________________
name and first name of child

1. Mein/unser Kind darf am Baden in einer geschlossenen Badeanstalt oder in einem durch Rettungsschwimmer beaufsichtigten See/Strand/Fluss teilnehmen.
My/Our child is allowed to swim in a swimming pool, or at a lake/beach/river supervised by life guards.

Ja (Yes) ☐ Nein (No) ☐

2. Mein/unser Kind ist Schwimmer.
My/Our child is able to swim.

Ja (Yes) ☐ Nein (No) ☐

3. Wenn ja. Unser Kind hat folgendes Schwimmabzeichen:
If yes, my/our child has following swimming badges:

____

4. Mein/unser Kind darf an Kanufahrten auf dem ________________________ (Name des Flusses oder Sees) teilnehmen:
My/Our child is allowed to participate in canoeing tours on a river:

Ja (Yes) ☐ Nein (No) ☐

5. Mein/unser Kind ist Vegetarier.
My/Our child is a vegetarian.

Ja (Yes) ☐ Nein (No) ☐

6. Mein/unser Kind hat eine Nahrungsmittelunverträglichkeit:
My/Our child has a food intolerance:

Ja (Yes) ☐ Nein (No) ☐

7. Wenn ja: Welche?
If yes, which? ____

____

8. Mein/unser Kind darf aus religiöser oder vergleichbarer Überzeugung nur folgende Lebensmittel verzehren/folgende Lebensmittel nicht verzehren/die Lebensmittel müssen speziell behandelt werden. Informationen bitte so genau wie möglich beschreiben.
Due to religious reasons my/our child is only allowed to eat/is not allowed to eat/has to have any groceries prepared in a special way. Please describe as accurate as possible:

____

____

9. Mir/Uns ist bekannt, dass mein/unser Kind vorzeitig nach Hause geschickt werden kann, wenn das Verhalten oder bewusste Fehlinformation der Eltern den Ablauf der Ferienfreizeit gefährden. In diesem Fall sind alle anfallenden Kosten (auch für den begleitenden Betreuer) von mir/uns unverzüglich zu erstatten.
I/We are aware that my/our child can be sent home early if its behaviour or false information given by the guardians endanger the course of the holiday camp. In this case all arising expences (also for the accompanying person in charge) are to be refunded immediately).

10. Ich bin/Wir sind damit einverstanden, dass mein/unser Kind tagsüber ohne Begleitung eines Betreuers, aber in Gruppen von mindestens drei Teilnehmern den Lagerplatz verlassen darf.
I am/We are okay with our child leaving the camp ground without a person in charge, but in groups of at least three participants during the day.

11. Mein/unser Kind darf während des Sommerlagers in einem Privat-PKW mitfahren.
My/Our child is allowed to travel in a private car during the camp.

12. Bei meinem/unserem Kind sind besondere Auffälligkeiten zu beachten: Schlafwandeln, Bettnässen, ADS oder Ähnliches:
Following features are to be noticed when dealing with my/our child, e.g. bed-wetting, ADD, sleepwalking or other:

____

____

13. Wünsche oder Bemerkungen besonderer Art:
Any other requests or comments:

____

____

Ort/Datum *place and date/*	Unterschrift sämtlicher Erziehungsberechtigter *Signature of all guardians*

Name und Vorname des Kindes: ____________________
name and first name of child

1. Mein/Unser Kind ist krankenversichert bei (Name und Adresse der Versicherung)
My/Our child is covered by following insurance (Name and address):

____

____

2. Versicherungsnehmer (Name und Geburtsdatum) und Versicherungsnummer
Insurance holder (name and date of birth) and insurance policy number:

____

____

Bitte geben Sie bei der Leitung oder dem Gruppenleiter die Krankenversichertenkarte Ihres Kindes (ggf. Auslandskrankenschein) und den Impfpass (auch Kopie) vor der Fahrt ab.
Please give your child's health insurance card and his/her vaccination record to the camp leaders before the departure.

3. Mein/unser Kind wurde zuletzt geimpft:
My/Our child was vaccinated last:

Name der Impfung *name of vaccination*	Datum *Date*
Tetanus *Tetanus*	______
FSME *TBE*	______

4. Hausarzt/Kinderarzt
(GP/pediaetrician):

Name ______
Name

Adresse ______
Address

Telefon ______
Phone number

5. Gibt es bei Ihrem Kind ungewöhnliche Reaktionen auf Insektenstiche?
Does your child show unusual reactions to insect bites?

Ja (Yes) ☐ Nein (No) ☐

6. Wenn ja: Mein/unser Kind zeigt folgende Reaktionen auf Insektenstiche:
If yes, our child shows following reactions to insect bites:

______

______

7. Bestehende, akute, chronische Krankheiten/Allergien oder andere Besonderheiten:
Existing, acute, chronic diseases/allergies or other anomaly:

______

______

8. Mein/Unser Kind benötigt zur Zeit folgende(s) Medikament(e):
My/Our child currently needs to take following medication:

______

______

Gebrauchsanweisung:
Instructions:

---

9. Mein/Unser Kind wird diese Medikamente selbstständig einnehmen:
My/Our child will take this medication autonomously):

Ja (Yes) ☐ Nein (No) ☐

10. Fallen diese Medikamente unter das Betäubungsmittelgesetz?
Does this medication interfere with the narcotics law?

Ja (Yes) ☐ Nein (No) ☐

11. Wenn ja, Bescheinigung des behandelnden Arztes beilegen!
If yes, please add official documents/certificates by your doctor!

12. Ich erlaube/Wir erlauben die Verabreichung von frei verkäuflichen und homöopathischen Medikamenten und Salben lt. Packungsbeilage des Herstellers.
I/We allow our child to be given medicine that needs no prescription and is homoeopathic, and ointments following instructions by the producer.

Ja (Yes) ☐ Nein (No) ☐

13. Ich/Wir nehmen zur Kenntnis, dass ärztliche Maßnahmen wie lebensrettende operative Eingriffe oder Schutzimpfungen, die vom hinzugezogenen Arzt für dringend erforderlich erachtet werden, bei meinem/unserem Kind im gegebenen Fall vorgenommen werden.
I/We note that medical actions like lifesaving operations or active immunization that are declared urgently required by a consulted doctor will be conducted.

14. Wir erklären, dass unser Kind nach unserem Wissen frei von ansteckenden Krankheiten ist.
We declare that our child does not carry any contaminous disease as far as we know.

Sonstige wichtige medizinische oder andere Hinweise:
Other important medical notes:

Ort/Datum Unterschrift sämtlicher Erziehungsberechtigter
place and date/ Signature of all guardians

Veranstaltungspass

Name *name*		Foto *photo*
Vorname *first name*		
Geburtsdatum *date of birth*		
Name der Organisation *name of organization*		
Adresse des Veranstaltungsorts *Adress of event location*		
Medizinische Daten: Blutgruppe, Krankheiten, Allergien, Medikamente usw. *medical data: blood type, diseases, allergies, medication, etc.*		
Wichtige Telefonnummern *important phone numbers*		
Polizei *police*		
Feuerwehr/Rettungsdienst *fire brigade/paramedics*		
Veranstaltungsleitung *event management*		
Kontakt des Veranstaltungsortes *contact to event location*		

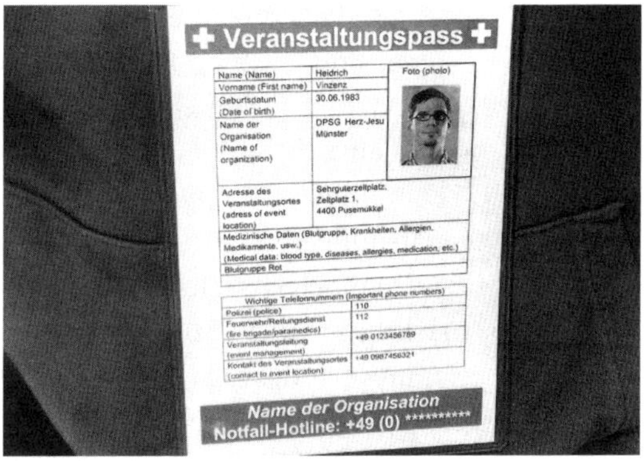

Abb. 27: Der Veranstaltungspass

Der **Veranstaltungspass** ist ein kleiner Ausweis, auf dem die wichtigsten Informationen über den Träger vermerkt sind. Bei einer Klassenfahrt oder einer anderen überschaubaren Gruppe wird man auf dieses Utensil sicherlich verzichten können; bei einer Großveranstaltung sollten alle Leitenden und alle Teilnehmenden diesen Ausweis mit sich führen. Bei einem Unfall sind so Verletzte schnell zu identifizieren und alle wichtigen Informationen stehen unmittelbar zur Verfügung. Es ist unter Umständen sinnvoll, den Ausweis durch eine Plastikhülle zu schützen und um den Hals zu tragen.

Checklisten

Auch wenn das Agieren im Notfall im Vorfeld intensiv trainiert wurde, ist es nicht einfach, das Gelernte in der konkreten Situation tatsächlich umzusetzen. Checklisten sind daher hilfreich, um Ordnung in das mögliche Chaos des Notfalls zu bringen. Natürlich müssen die Checklisten vor der Veranstaltung von allen Leitenden gelesen werden. Des Weiteren müssen die Checklisten für alle zugänglich an einem zentralen Ort in der Notfallmappe zu finden sein. Um es einfach handhabbar zu machen, gibt es für die verschiedenen Situationen jeweils eine eigene Checkliste. Natürlich erheben diese Listen keinen Anspruch auf Vollständigkeit. Sie sind Entwürfe, die für jede Gruppe angepasst und ggf. erweitert werden müssen. Sie müssen zudem im Notfall an die jeweilige Wirklichkeit angepasst werden.

Checklisten sind hilfreich, um Ordnung in das mögliche Chaos des Notfalls zu bringen.

Checkliste ›Auswahl Gruppenleitung‹

Während im schulischen Umfeld in der Regel klar ist, wer für eine Veranstaltung verantwortlich zeichnet, ist dies bei kirchlichen, sozialen, sportlichen oder anderen Gruppen oft nicht so. Es liegt in der Verantwortung der Leitung der jeweiligen Organisation, in der Jugendarbeit Personen entsprechend ihren fachlichen Fähigkeiten einzusetzen und festzustellen, ob diese für die Arbeit mit Kindern und Jugendlichen geeignet sind, auch im Hinblick auf die Prävention von sexualisierter Gewalt. Gerade für die ehrenamtlich arbeitende Leitung einer Organisation ist es ein schwieriges Unterfangen und in der Praxis häufig problematisch, ein Bewerbungs- und Auswahlverfahren für ehrenamtliche Gruppenleitungen zu starten.

Dennoch lässt sich diese Aufgabe nicht abwenden. Insofern gilt es zunächst mit einem hohen Maß an Transparenz zu verdeutlichen, welche verantwortungsvolle Aufgabe die Organisationsleitung und die Gruppenleiter gemeinsam haben. Weiterhin gilt es, die richtige Form zu finden. In der Regel bietet sich hier ein Gespräch in einer möglichst zwanglosen, aber dennoch verbindlichen Form an. Die 🗀 **Checkliste Auswahl Gruppenleitung** dient als Arbeitshilfe für die Gestaltung eines solchen Gesprächs.

Vereinbarung eines angemessenen Rahmens

Zeit, Dauer, Ort des Gespräches

Es muss vermieden werden, dass ein Gespräch zwischen Tür und Angel stattfindet. Alle Gesprächspartner müssen den Rahmen so erleben, dass sie sich wohlfühlen.

Gesprächsstruktur

- Begrüßung und Einleitung: Nach einer angemessenen Begrüßung fasst der Gesprächsleiter zusammen, worum es in diesem Gespräch gehen soll.
- Vorstellung der Organisation und der Gruppenleitung: Alle Gesprächspartner erzählen von sich selbst und ihrer Motivation, warum sie für die Organisation arbeiten bzw. arbeiten möchten. Ebenso Vorstellung der Ziele, Aktivitäten und der Struktur der Organisation. Alternativ kann der künftige Gruppenleiter auch gefragt werden, welche Informationen über die Organisation er bereits hat.
- Vorstellung der vorhandenen Richtlinien: Schutzkonzept gegen Sexualisierte Gewalt, Verhaltenskodex, notwendige Formalitäten wie Präventionsschulung, Selbstauskunftserklärung und Führungszeugnis, Hinweis auf ein bestehendes Notfallmanagementsystem
- Eigene Zeitressourcen
- Besondere Fähigkeiten und Interessen
- Klärung offener Fragen
- Aus- und Fortbildungsbedarf: Gruppenleitungsgrundkurs, Präventionsschulung
- Vereinbarungen: Ist weitere Begleitung nötig? Ist Bedenkzeit notwendig? Bis wann fällt die Entscheidung?
- Verabschiedung

Checkliste ›Während der Veranstaltung‹

Auch während einer Veranstaltung muss weiter präventiv gearbeitet werden. Alle notwendigen Maßnahmen, sind in der 🗀 **Checkliste Während der Veranstaltung** vermerkt. Achtung: Da Unwetter immer häufiger vorkommen, muss man damit rechnen, dass Veranstaltungen unter freiem Himmel davon betroffen sein können.

Alle Punkte sind mindestens einmal täglich auszuführen:

- Die Unwetterwarnungen des Deutschen Wetterdienstes checken
- Bei Zeltlagern: Zelte abspannen
- Das Veranstaltungsgelände auf Gefahrenquellen untersuchen

- Beschilderung und Fluchtwege überprüfen
- Sicherheitseinrichtungen (Erste-Hilfe-Kästen, Feuerlöscher usw.) überprüfen und sicherstellen, dass sie an der angegebenen Stelle vorhanden sind
- Hygienecheck in der Küche, Toiletten und Duschen
- Temperatur in den Kühlräumen checken (vor allem wichtig bei Veranstaltungen, die draußen stattfinden)
- Ein Sicherheitstreffen der Leitenden abhalten, um über die aktuelle Gefahrenlage zu informieren und ggf. entdeckte Gefahrenquellen von anderen Leitenden aufzunehmen

Checkliste ›Verhalten im Notfall‹

Die 🗁 **Checkliste Verhalten im Notfall** beschreibt die ersten Schritte, die bei einem Notfall wichtig sind. Es ist zusätzlich ratsam, diese Checkliste verinnerlicht zu haben.

Sicherungsmaßnahmen:

- Unfallstelle sichern
- Brände bekämpfen (Feuerlöscher, Löschdecke für Personen)
- Gefahrenstellen absperren

Überblick verschaffen:

- Wie viele Personen sind verletzt?
- Wie viele Personen sind gefährdet?

Personen in Sicherheit bringen:

- Nicht beteiligte Personen aus dem Gefahrenbereich bringen
- Feinfühlig vorgehen, auch für Unbeteiligte kann ein solche Situation traumatisch sein

Medizinische Erstversorgung veranlassen:

- Ersthelfer einteilen (weiteres Vorgehen → Checkliste Ersthelfer, S. 98)

Notruf absetzen:

Polizei 110 | Notarzt, Rettung, Feuerwehr 112

- Wo ist es passiert?
- Adresse: Straße, Hausnummer, PLZ, Ort
- Was ist passiert?
- Medizinischer Notfall, Unfall, Brand, Überfall

- Wie viele Menschen sind verletzt?
- Welche Art der Verletzung?
- Warten auf Rückfragen:
  - Wer ruft an und meldet den Notfall? Name und Rückrufnummer
  - Eventuell eine Krisenintervention anfordern
  - Die Mitarbeiter der Notrufzentrale beenden das Gespräch

Einsatzkräfte einweisen:

- An der Straße, z. B. am Eingang des Veranstaltungsgeländes warten. Achtung: Warnweste tragen.

Notfallmanager/Ansprechpartner zu Hause verständigen: +49 (0) *** *** ***

Checkliste ›Ersthelfer‹

Das Ansprechen von verletzten Personen sollte vorher gelernt werden. Es ist extrem wichtig, dass immer jemand bei der verletzten Person bleibt, um ihr Sicherheit zu geben. Auch kleine Unfälle können die Psyche schwer belasten. Fehlende oder fehlerhafte psychologische Betreuung zeigt erst Tage oder Wochen nach dem Unfall negative Auswirkungen. Deshalb sollten auch psychische Ersthilfen installiert werden. Wichtig ist an dieser Stelle anzumerken, dass Ersthelfer juristisch gesehen nichts falsch machen können, wenn sie nach bestem Wissen und Gewissen handeln. Der Spruch, dass man beim Helfen mit einem Bein im Gefängnis stehe, ist also total falsch. Wichtig ist es zu helfen! Das fordert auch das Gesetz. Die genauen Schritte sind in der 🗀 **Checkliste Ersthelfer** nachzulesen. Es geht bei dieser Checkliste um die direkt betroffenen Verletzten, um die indirekt Betroffenen, die alles mit angesehen haben und um die daheim gebliebenen Angehörigen.

Es ist extrem wichtig, dass immer jemand bei der verletzten Person bleibt.

Lage checken und Überblick verschaffen (ca. 30 Sekunden)

- Selbstgefährdung ausschließen.
- Einschätzen, wer als erste Person Hilfe (medizinisch und seelisch) braucht.
- Merksatz HELD beachten: Hilfe rufen, Ermutigen und trösten, Lebenswichtige Funktionen kontrollieren, Decke unterlegen.

Erstkontakt mit den Hilfebedürftigen (hier gilt besondere Achtsamkeit!)

- Alle Menschen gleich behandeln.

- Immer im Sichtfeld des Opfers an das Opfer herantreten, um dem Verunfallten keinen Schrecken einzujagen.
- Vorstellen mit Name und Funktion (der Hilfebedürftige fühlt sich dadurch wahrgenommen).
- Namen des Verunfallten nennen lassen, sofern nicht bekannt.
- Opfer vor »Zuschauern« schützen.
- Opfer über die weiteren Schritte Informieren, am besten mit Zeitangaben: »Notarzt wurde gerufen, er wird in ca. 10 Minuten da sein«, usw.
- Immer sagen, was man gerade macht und warum: »Ich lege gerade einen Druckverband an, um die Blutung zu stoppen« usw.
- Sollte psychologische Hilfe notwendig sein, bei den Rettungskräften (Polizei/Notarzt/Feuerwehr) Notfallseelsorge anfordern.

Gesprächsregeln

- Sachlich angemessene Sprache und beruhigender Tonfall sind wichtig.
- Für Menschen, die nicht die Sprache des Ersthelfers sprechen, wenn möglich, einen Dolmetscher organisieren. Wenn das nicht möglich ist, nonverbal zu kommunizieren versuchen. Zeit nehmen!
- Aufmerksames Zuhören wird durch Blickkontakt, Nicken und Verbalisierungen wie »Ja«, »Aha«, »Verstehe« usw. signalisiert.
- Paraphrasieren: »Ich habe verstanden, dass sie …«, »Ist es richtig, dass sie …«
- Aussagen des Opfers nicht bewerten.
- Keine Ratschläge oder Analysen des Unfalls kundgeben.
- Immer ehrlich auf Fragen zu den Verletzungen antworten, sofern deren Schwere korrekt eingeschätzt werden kann.
- Auf banale Gespräche eingehen. Sie normalisieren die Lage und sind für die Verletzten wichtig.
- Keine Floskeln verwenden, wie »es wird alles gut« o. ä., dass wird von den Verletzten als Inkompetenz wahrgenommen.
  - Offene Fragen stellen, um mit dem Opfer in Kontakt zu bleiben.
  - Keine Schuldzuweisungen, auch wenn das Opfer schuld sein könnte, das muss die Polizei klären.

Regeln für Non-Verbale Kommunikation

- Körperkontakt an Händen, Armen und Schultern zur Beruhigung. Der nicht bewegte Kontakt ist hier angenehmer als z. B. Streicheln. Generell vorsichtig und behutsam mit Interventionen sein. Nicht jeder Mensch will Körperkontakt.
- Verletzten geht es besser, wenn sie das Gefühl haben, etwas beitragen zu können. Deshalb sind kleine Aufgaben und/oder Ja/Nein-Fragen wichtig.
- Verletzte nie allein lassen. Das erzeugt sonst große Angst.

Umgang mit verletzten Kindern

- Kinder können mit leichten Abwandlungen genauso behandelt werden wie Erwachsene.
- Kinder brauchen Infos über den Hergang und Ausgang des Notfalls.
- Nur eine Person sollte sich um das Kind kümmern.
- Kuscheltiere haben eine tröstende Wirkung.
- Dem Alter angemessene Sprache verwenden.
- Von Schuld freisprechen.
- Der Kontakt zu den Eltern bietet Kindern (und Eltern) dringend benötigte Sicherheit. Ein Telefonat ist in diesem Fall sehr wichtig.

Auch Angehörige sind vom Notfall betroffen. Sie müssen betreut werden. Dies gehört aber in den tertiären Bereich der Prävention. Im akuten Fall kann der Ersthelfende also nur als begleitende Person tätig werden.

Checkliste ›Verhalten im Notfall – Die Stunden danach‹

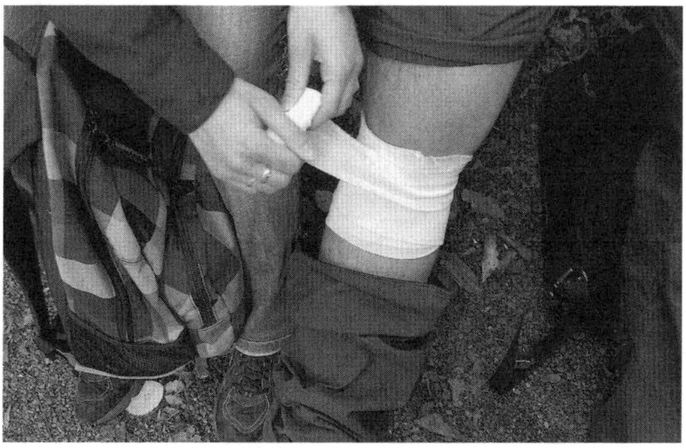

Abb. 28: Ersthelfer leisten wichtige Erstversorgung

Nach der ersten akuten Hilfe ist es noch nicht vorbei. Die Stunden danach können noch viel Arbeit bedeuten. Unter anderem könnte inzwischen die Presse vor Ort sein. Wenn die Notfallsituation beendet ist, ist es sinnvoll ein Ritual durchzuführen, um einen Schlusspunkt zu setzen. Dies könnten eine Gesprächsrunde und eine Abschiedsformel sein. Ratsam ist hier die Unterstützung durch einen Seelsorger. Auch bei einem Jahrestreffen kann es wichtig sein, sich über die Erfahrungen mit dem Notfall auszutauschen. Die 🗁 **Checkliste Verhalten im Notfall – Die Stunden danach** beschreibt die wichtigsten Punkte:

Nach der ersten akuten Hilfe ist es noch nicht vorbei.

Wenn noch nicht geschehen: Informieren des Notfallmanagers/Ansprechpartners zu Hause

- Was ist passiert?
- Wer ist betroffen? Teilnahmeliste checken
- Welche Maßnahmen wurden ergriffen?

- Wer ist wofür Ansprechpartner?

KEINE Presseinterviews

- Notfallnummer herausgeben mit dem Hinweis, dass vom Pressebeauftragten zu Hause alle nötigen Informationen zu bekommen sind: +49 (0) *** *** *** *

Koordination Notfallmanager (zu Hause)/Notfallteam (vor Ort)

- Notfallteam vor Ort aktivieren (siehe Organigramm):
  - Leitung übernimmt die Gesamtkoordination
  - Welche Aufgaben stehen an?
  - Wer übernimmt welche Aufgabe?
- Regelmäßige Absprachen, Austausch mit dem Notfallmanager:
  - Absprachen im Team, mit den Einsatzdiensten
  - Informationen an die Betroffen/Beteiligten
- Abschluss des Notfalls:
  - Informationen für alle, wie die nächsten Tage gestaltet werden
  - Gemeinsames Abschlussritual ist wichtig. Möglichkeiten: ein Lied singen, im Kreis stehen und sich an den Händen festhalten, Kerzen anzünden, »Wunsch- und Gedankenkarten« aufhängen usw.
  - Notfallnummer/Notfallkarten an die Betroffenen herausgeben
  - Ort und die Zeit des nächsten Treffens mitteilen

Checkliste ›Verhalten bei sexualisierter Gewalt‹

Die **Checkliste Verhalten bei sexualisierter Gewalt** nimmt Bezug auf das Bundeskinderschutzgesetz und die Präventionsordnung der kath. Kirche. Sie beschreibt einem internen und externen Beschwerdeweg für die Mitglieder einer Organisation.

Gerade für kleine Organisationen ist ein externer Beschwerdeweg wichtig.

Für kleine Ortsgruppen ohne Dachverband ist der externe Weg von besonderer Bedeutung. Größere Organisationen, wie DPSG, KJG oder Schulen, können immer auf die nächsthöhere Ebene zurückgreifen. Generell ist es wichtig, sich von spezialisierten Hilfeorganisationen, z. B. *Zartbitter e. V.* oder *Wildwasser e. V.*, beraten zu lassen. Die folgenden Hinweise zum Umgang mit Verdachtsfällen sind allgemeiner Natur. Sie müssen von den Verantwortlichen vor Ort an die jeweiligen Erfordernisse des konkreten Falles angepasst werden. Generell gilt es, den Kreis der mit dem Verdachtsfall betrauten Personen so klein wie möglich zu halten und alle Informationen, insbesondere Namen, streng vertraulich zu behandeln – aus Gründen des Opfer- und Täterschutzes.

Generelle Schritte, die immer einzuhalten sind:

- Ruhe bewahren
- Das Opfer schützen
- Vertrauensperson hinzuziehen
- Dokumentieren:
  - Datum, Uhrzeit, Ort, Name der Person mit Verdacht
  - Name des Betroffenen, Name des Beschuldigten, Beschreibung der Situation, Vermutungen, Ergebnisse des Gesprächs
  - Bewertung des Protokollanten, weiteres Vorgehen, Benachrichtigung weiterer Personen, z. B.: Organisationsleitung, Eltern usw.
  - Dokumentation unzugänglich für Dritte verwahren

Nächste Schritte:

- Vorgesetzte/Notfallmanagers und Leitung informieren
- Hilfe bei der Präventionsfachkraft des Trägers/der Schule holen
- Hilfe bei externen Beratungsstellen holen, z. B.: Deutscher Kinderschutzbund, Tel. 030/214 809 0, Zartbitter, …

Eine betroffene Person vertraut sich jemandem an:

- Person in jedem Fall ernst nehmen
- aufmerksam zuhören und die Offenheit, das Vertrauen würdigen
- ermutigen, das Thema zu besprechen, jedoch nicht bedrängen
- klar Position gegen die Tat einnehmen und dem Betroffenen jegliche Schuld absprechen
- Hilfe und Unterstützung anbieten, soweit sie leistbar ist
- eigene Grenzen benennen
- selbst Hilfe holen und Betroffene darüber informieren
- Gespräche mit Betroffenen vor- und nachbereiten
- alles zusammen mit den Betroffenen entscheiden
- weiteren Gesprächstermin abstimmen

Bei Verdacht auf sexualisierte Gewalt:

- Woher kommt der Verdacht und welche Hinweise gibt es?
- Wann sind die Signale zu beobachten?
- Wer hat sie bemerkt?
- Woher kommen die Informationen?
- Sind die Informationen vertrauenswürdig?
- Wie verhält sich das Kind?
- Wie wird das Kind von den Leitenden wahrgenommen?

- Gab es deutliche Verhaltensänderungen?
- Was ist über die sozialen Beziehungen des Kindes bekannt (Eltern, Freizeit, Freunde usw.)?
- Wichtig: den Täter nicht informieren

Bei einer Grenzverletzung:

- Grenzverletzung sofort unterbinden
- Situation klären: Was ist passiert? Wie ist es passiert? Wie geht es weiter?
- Übergriffige Person im Gespräch mit Vorwürfen konfrontieren und Verantwortungsübernahme einfordern
- klar Stellung gegen sexuelle Gewalt beziehen
- in Zusammenarbeit und mit beratenden Profis den Vorfall im Leitungsteam besprechen, rückversichern und den Täter zur Rechenschaft ziehen
- Eltern des Opfers informieren und Unterstützung anbieten
- Situation mit der betroffenen Gruppe nachbesprechen. Zusammen Regeln entwickeln, die ein erneutes Geschehen verhindern. Präventiv gegen sexuelle Gewalt arbeiten. Auch hierbei ist Hilfe von Profis wichtig

Bei einem sexuellen Übergriff:

- Opfer schützen
- Mit Bedacht vorgehen, vor allem wenn es sich um haupt- oder ehrenamtlich Leitende handelt
- Klären, um was es sich genau handelt
- Übergriff sofort unterbinden und mit dem Täter sprechen:
  - Standpunkt gegenüber dem Täter klarmachen
  - Keine Toleranz für das Verhalten zeigen
  - Leitung informieren
  - Unterstützung bei Mitleitenden suchen
  - Fachberatungsstelle hinzuziehen
  - Schweigepflicht ist nicht so entscheidend wie die Abwendung der sexualisierten Gewalt.

Verhaltenskodex gegen sexualisierte Gewalt

Der Verhaltenskodex verdeutlicht die Verantwortung gegenüber Kinder und Jugendlichen.

Der 🗁 **Verhaltenskodex gegen sexualisierte Gewalt** macht jedem Außenstehenden und jedem potenziellen neuen Mitglied klar, dass sexualisierte Gewalt kein Tabu in dieser Organisation ist. Der Verhaltenskodex soll, → Kapitel 2, in Zusammenarbeit mit allen Mitarbeitenden, Kindern und Jugendlichen bzw. Schülerinnen und Schülern erstellt werden. Deshalb wird hier nur ein Vorschlag gezeigt, der jeweils angepasst und erweitert werden muss. Wichtig ist das Veröffentlichen des

Kodex z. B. auf der Homepage, um ein klares Zeichen gegen sexualisierte Gewalt zu setzen.

Dieser Verhaltenskodex gilt für alle Mitarbeiter und Mitarbeiterinnen, Ehrenamtliche und Honorarkräfte bei der Arbeit mit Kindern und Jugendlichen.

Unsere Verantwortung gegenüber Kindern und Jugendlichen
Als Mitarbeiter und Mitarbeiterinnen, Ehrenamtliche und Honorarkräfte sind wir uns im Klaren über unsere Verantwortung gegenüber den Kindern und Jugendlichen. Wir wissen um unsere Vorbildfunktion und um unsere Mitverantwortung dafür, dass sie sich in einem hilfreichen und förderlichen Umfeld entwickeln können.

Sprache und Wortwahl
Wir sind in Worten und Sprache respektvoll und wertschätzend gegenüber Kindern und Jugendlichen. Wir weisen auf andersartiges Verhalten hin und unterbinden es.

Adäquate Gestaltung von Nähe und Distanz
Wir handeln professionell und lassen Nähe nur im pädagogisch vertretbaren Maße zu.

Angemessenheit von Körperkontakt
Körperkontakt mit Kindern und Jugendlichen darf nie der eigenen Bedürfnisbefriedigung dienen. Wir wahren die Grenzen der Kinder und Jugendlichen und zeigen auch eigene Grenzen auf.

Beachtung der Intimsphäre
Kinder und Jugendliche haben ein Anrecht auf Wahrung ihrer Intimsphäre. Das bedeutet, dass wir nicht ohne Zustimmung die Grenzen der intimen Bereiche von Kindern und Jugendlichen verletzen. Wir unterbinden jegliches Verhalten, das die Intimsphäre eines Menschen verletzt.

Zulässigkeit von Geschenken
Geschenke an Mitarbeitende sind nur in Absprache mit dem Leitungsteam zulässig. Allgemein gilt: Geschenke sind an die Gruppe weiterzuleiten und wertzuschätzen.

Umgang mit und Nutzung von Medien und sozialen Netzwerken
Der Umgang mit sozialen Medien gehört zu unserem Alltag. Aufklärung und Einbindung dieser Medien in den Arbeitsalltag ist angezeigt. Auch hier gilt ein respektvoller Umgang mit Kindern und Jugendlichen und die Wahrung des Verhaltenskodex.

Unsere Aufsichtspflicht
Wir sind für den Schutz von Kindern und Jugendlichen verantwortlich. Diese Verantwortung nehmen wir sehr ernst. Wir achten darauf, dass Kinder und Jugendliche in unserer Organisation nicht zu Schaden kommen. Gewalt als Mittel der Erziehung und Konfliktlösung schließen wir aus.

Unsere Haltung zum Thema »sexuelle Gewalt«
Insbesondere der Bereich der Sexualität und der Intimität ist zu schützen. Unser Fokus liegt auf der Verhinderung jeglicher sexualisierter Gewalt. Verdachtsmomente sprechen wir an.

Disziplinierungsmaßnahmen
Bei Nichteinhaltung dieses Verhaltenskodex folgen individuelle Sanktionen.

Persönliche Erklärung
Ich erkläre, dass ich diesem Verhaltenskodex zustimme und ihn befolgen werde.

____

Datum/Unterschrift

Info zum Beschwerdemanagement

Unmut bei Kindern und Jugendlichen muss ernst genommen werden. Deswegen sollte es ein transparentes Beschwerdesystem in jeder Organisation geben. Die 🗀 **Info Beschwerdemanagement** sollte den Kindern und Jugendlichen zugänglich sein. Am besten wird sie als Flyer an alle herausgegeben. Die Leitung ist verpflichtet, Beschwerden aufzunehmen. So wird es erleichtert, auf grenzverletzendes Verhalten aufmerksam zu werden. Entscheidend ist dabei der externe Weg: Sollte ein Mitarbeitender in Verdacht sein, muss eine Beschwerde außerhalb der Organisation möglich sein.

Unmut bei Kindern und Jugendlichen muss ernst genommen werden.

- Wenn du Hilfe brauchst, dann kannst du jederzeit einen Erwachsenen in der Schule/Jugendgruppe ansprechen.
- Du traust dich nicht, direkt jemanden anzusprechen? Dann nutze gern unseren Kummerkasten. Wenn du möchtest, dass wir auf dich zukommen, schreib deinen Namen unter die Nachricht.
- Du willst niemanden innerhalb deiner Schule/Jugendgruppe ansprechen? Dann versuch es doch mal hier: Nummer gegen Kummer e. V. Tel. 11 6 111 (Mo–Sa 14–20 Uhr).

Im Notfall

Ruhe bewahren
Menschen aus dem Gefahrenbereich bringen
Sammelpunkt bei Gefahren
Notruf absetzen

Notruf 112

Wo ist es passiert?
Was ist passiert?
Wie viele Menschen sind verletzt?
Welche Art der Verletzung?
Warten auf Rückfragen

Abb. 29: Die Notfallkarte

Weitere Elemente der Notfallmappe

Zusätzlich zum Notfallplan, dem Notfall-Organigramm und den Checklisten befinden sich in der Notfallmappe mehrere Notfallkarten mit wichtigen Hinweisen für den Notfall, Schilder, um Hilfeeinrichtungen zu beschriften, und ein Buch des Deutschen Roten Kreuzes, das das richtige Verhalten im Notfall beschreibt.

Das letzte Element ist das Verbandbuch, in dem alle Verletzungen und deren Therapie dokumentiert werden: Datum, Uhrzeit, Art der Verletzung, Therapie, Namen des Opfers und des Helfers, Ort und die Namen der Zeugen. Diese Aufzeichnungen müssen fünf Jahre gelagert werden, weil die Dokumentation bei Spätfolgen von Verletzungen wichtig werden kann. Vorlagen findet man z. B. auf www.vgb.de oder preiswert im Bürobedarfshandel, auch Berufsgenossenschaften bieten Vorlagen zum Download an.

Auf den **Notfallkarten** im Taschenformat finden Leitung und Teilnehmende alle wichtigen Infos für den Notfall. Selbst gestaltete wasserfeste Notfallkarten aus Kunststoff können ohne großen Aufwand über Internetdruckereien bezogen werden. Laminiertes Papier erfüllt aber den gleichen Zweck. Die Karten sollten wasserfest sein, damit sie bei Unwettern nicht durchweichen und unbrauchbar werden. Sie können bei Wanderungen beispielsweise dem Erste-Hilfe-Kasten beigelegt werden und an alle Teilnehmenden verteilt werden.

Beschilderung

Die Idee, der Notfallmappe Schilder beizulegen, kommt aus dem Bereich der Zeltlager. In Häusern sollten die Hilfeeinrichtungen sowieso beschriftet sein. Im Zeltlager hingegen ist das nicht üblich. Zwar haben viele Betreiber von Zeltplätzen Hilfeeinrichtungen installiert, aber auch jedes Zeltlager selbst muss über eigene Hilfeeinrichtungen vor Ort verfügen. Der vom Veranstaltungsteam festgelegte Sammelpunkt sollte ausgeschildert sein. In der Küche müssen ein Feuerlöscher, eine Löschdecke und ein Erste-Hilfe-Kasten zu finden sein. Auch in dem für Pfadfinder typischen Jurten-Zelt, in dem Feuer gemacht werden kann, sollten sich Löscheinrichtungen befinden. Bei jeder Feuer- oder Kochstelle *müssen* Löscheinrichtungen vorhanden sein. Damit in einer Notsituation Hilfe schnell erkannt und erreicht werden kann, müssen die Zelte von außen beschriftet werden.

Abb. 30–33: Sicherheitsvorsorge durch Beschilderung von Sammelpunkten und Feuerlöschdecke, Feuerlöscher und Erste-Hilfe-Koffer

Erste Hilfe

Grundkenntnisse zur Ersten Hilfe sollten immer unmittelbar verfügbar sein. Oft liegt der absolvierte Kurs bereits länger zurück, wenn ein Notfall eintritt. Dann ist es gut, schnell kompetenten Rat zu erhalten. Das Buch *Erste Hilfe im Betrieb des DRK* wird im Anschluss an dort absolvierte Erste-Hilfe-Kurse verteilt. Es enthält erste Therapiehinweise bei den wichtigsten Verletzungen, die selbstverständlich auch in der Schule oder im Ferienlager nützlich sind.

Das Buch beschreibt alle wichtigen Themenbereiche:

- Richtiges Verhalten bei Unfällen und Notfällen
- Lebensrettende Sofortmaßnahmen
- Blutungen
- Kopf-, Bauch- und Brustkorbverletzungen
- Wundversorgung bei kleineren Verletzungen
- Muskel-, Gelenkverletzungen und Knochenbrüche
- Thermische Schädigungen
- Elektrounfälle
- Vergiftungen und Verätzungen
- Akute Erkrankungen

Jede Schule/Organisation sollte mit dem zuständigen DRK-Ortverband Kontakt aufnehmen und erfragen, ob Bücher für die eigene Notfallmappe zu erhalten sind. Zu empfehlen wäre in Verbindung damit natürlich auch ein Erste-Hilfe-Kurs.

Schulungen

Schulungen sind, wie schon in → Kapitel 2 dargestellt, ein wichtiges präventives Mittel. Da es bei kleinen Organisationen nicht immer möglich ist, sie selbst anzubieten, müssen Fortbildungen bei externen Organisationen angefragt werden. Zudem ist es sinnvoll, die Schulungen zu besuchen, die für die ›Jugendleiter/-in Card‹ *(juleica)* notwendig sind. Essentiell ist natürlich der Erste-Hilfe-Kurs; dieser ist für jeden Aktiven Pflicht. Eine regelmäßige Wiederholung von Schulungsinhalten mindestens alle fünf Jahre ist geboten.

4.5 Aufbau-Baustein 1: »Notfallmanager« (NfMan)

Diese Ebene stellt den Service ›Notfallmanagement‹ für Gruppen und übernimmt in Teilen die Ausbildung der am System beteiligten Personen. (Bezirksleitung, Kommunalleitung usw.).

Dieser Aufbau-Baustein ist nur mit einer festen Organisationsstruktur zu leisten.

Das Notfallorganigramm verändert sich entsprechend den Veränderungen im NfM-System. So übernimmt der ›Notfallmanager‹ die Aufgaben, für die im Basisbaustein noch der ›Ansprechpartner zu Hause‹ und das ›Notfallteam zu Hause‹ zuständig waren. Der ›Ansprechpartner zu Hause‹ bekommt eine neue Rolle in Notfallsystem und bleibt so weiterhin ein wichtiges Element. Er ist nun dafür zuständig, eine Brücke zwischen ›Notfallmanager‹ und den Angehörigen zu Hause zu schlagen, da es im Notfall angenehmer sein dürfte, von einer bekannten Person über Unfälle o. ä. informiert zu werden. Das Team aus Notfallmanagern ersetzt das im Organigramm verzeichnete ›Notfallteam zu Hause‹. Es stellt bereits eine Art ›Notfallstab‹ dar. Bei dieser Gruppe fehlen zwar noch die Fachpersonen, die in einem Notfallstab sitzen müssen, aber es erleichtert die Arbeit und Entscheidungsfindung, wenn im Team gearbeitet wird.

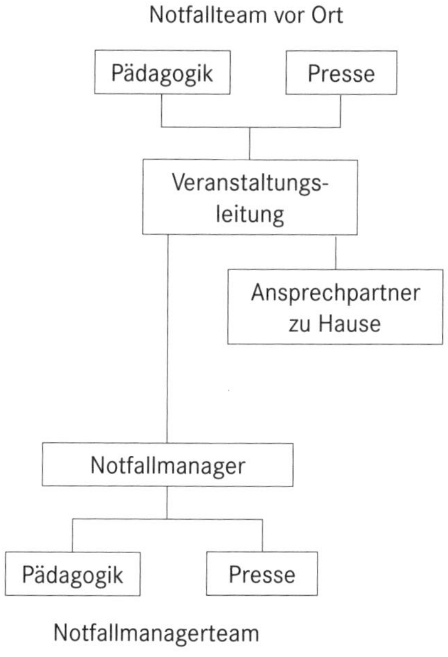

Grafik 4: Organigramm Notfallmanager

Abb. 34: Notfallmanager im Einsatz

Ein kleines Team muss die Organisation und Aufrechterhaltung des NfM-Systems übernehmen: Aufgaben wie Pflege und Aktualisierung der Dokumente (Notfallplan, Checklisten usw.), der Technik, das Koordinieren der Notfallmanager usw.

Profil des Notfallmanagers

Der potenzielle Notfallmanager muss sich in der Lage fühlen, seine Aufgaben wahrzunehmen. Er muss während der Dienstzeit folgenden Ansprüchen genügen:

- Modulausbildung des Notfallmanagementsystems absolviert haben
- Vertraulichkeits- und Datenschutzerklärung unterschrieben haben
- Stresserprobt (Stress ist im Notfall normal und hat auch positive Auswirkungen, wie z. B. erhöhte Aufmerksamkeit)
- Mindestalter 21 Jahre
- Ständige Erreichbarkeit über das private oder das Diensthandy
- Erreichbarkeit im Internet in ca. 15 Minuten
- Besetzung des Notfallbüros (sofern vorhanden) in ca. 2 Stunden
- Kein Alkohol
- Bei Verhinderung Vertretung organisieren
- Handbuch Notfallmanagement mitführen
- Dienstzeiten 24 Stunden (von 19:00 Uhr bis 19:00 Uhr)
- Protokollieren der Notfälle
- Im Bedarfsfall: Einrichten des Notfallstabs
- Reflektieren der Notfälle zusammen mit einem Pädagogen oder Therapeuten

Vertraulichkeits- und Datenschutzerklärung

Die Anruferinnen, die das NfM-System nutzen, müssen darauf vertrauen können, dass ihre Anliegen verschwiegen behandelt und nur zur Installation von Hilfen oder zur abschließenden Reflexion genutzt werden. Um diesen Datenschutz gewährleisten zu können, muss jeder am System Beteiligte eine **Vertraulichkeits- und Datenschutzerklärung** unterzeichnen:

Name, Vorname

Straße

PLZ Ort

geboren am

Ich verpflichte mich, die für meine Tätigkeit bei ______________________ geltenden Regelungen des Bundesdatenschutzgesetzes und weiterer gesetzlicher und betrieblicher Regelungen zum Datenschutz in der jeweils geltenden Fassung sorgfältig einzuhalten und bestätige, dass ich auf die wesentlichen Grundsätze, der für meine Tätigkeit geltenden Bestimmungen hingewiesen wurde. Es gilt insbesondere:

1. Das Prinzip der Datenvermeidung und Datensparsamkeit. Es dürfen nur die Daten erhoben und verwendet werden, die zur Erfüllung der Aufgaben benötigt werden.

2. Die Übermittlung von personenbezogenen Daten an Dritte, vor allem an öffentliche Stellen, ist nur zulässig
- mit wirksamer Einwilligung der Betroffenen,
- für den Zwecks, für den die Daten erhoben worden sind.

3. Alle persönlichen Daten müssen sorgfältig gegen die Einsicht durch Dritte geschützt werden und dürfen ohne wirksame Einwilligung nicht an Dritte weitergegeben werden.

4. Das Datengeheimnis gilt auch über die Tätigkeit hinaus.

5. Ein Verstoß gegen diese Regelungen kann rechtliche Folgen haben und Schadenersatzansprüche nach sich ziehen.

Ich verpflichte mich zur Verschwiegenheit bezüglich persönlicher und interner Informationen, über die ich im Rahmen meiner Tätigkeit Kenntnis erlange und auch über meine Tätigkeit hinaus.

Datum, Unterschrift

Ausbildungsmodule für Notfallmanager

Die gesamte Ausbildung der Notfallmanager ist in drei Module unterteilt. Der Besuch dieser Module ist Pflicht. Module 1 und 2 sind Voraussetzung, um Notfallmanager zu werden, da hier das Basiswissen vermittelt wird. Nach der Teilnahme an diesen Modulen muss jährlich ein weiteres Modul besucht werden. Das können neben dem Modul 3 auch Fortbildungen sein, wie ein Erste-Hilfe-Kurs, Präventionsschulung oder Ähnliches, was beim Bearbeiten von Notfällen hilft. Sollte der Notfallmanager in einem Jahr keine Fortbildung besucht haben, darf er nicht

Die gesamte Ausbildung der Notfallmanager ist in drei Module unterteilt.

mehr eingesetzt werden. Im Folgenden wird nur ein grundsätzlicher Überblick über die Module gegeben. Alle drei 🗁 **Module** (Notfallmanager/Notfallstab/Veranstaltungsleitung) sind detailliert im Download zu finden.

Modul 1: Technik & System (ca. 2 Stunden)

Bei diesem Modul soll jeder die Möglichkeit erhalten, das EDV-System (ggf. mit eigenem Rechner) zu erproben. Dabei geht es darum, die Verwaltung der in der Dienstzeit relevanten Dokumente (z. B. Notfallpläne der Gruppen) kennenzulernen. Auch die Benutzung der Technik, die darüber hinaus wichtig ist, muss vor Dienstantritt geübt werden.

Modul 2: Gesprächsführung & Telefontraining (ca. 3 Stunden)

Jede potenzielle Notfallmanagerin soll im Übungskontext mehrere Notfallanrufe in unterschiedlichen Rollen (NfMan, NfSt, Anrufer) bearbeiten. Des Weiteren soll es Raum für offene Fragen geben.

Themen für die Übungsnotfallanrufe:

- sexueller Übergriff
- Todesfall
- schwere Verletzung
- Versicherung
- ...

Die Notfallmanager werden bei den Schulungen intensiv auf das Bearbeiten von Anrufen durch Telefontraining vorbereitet. Zwei grundsätzliche Schritte werden im Folgenden näher beleuchtet.

Beim Bearbeiten ist es wichtig, genau zu erfragen, was der Anrufer von einem will – welches Anliegen er hat. Der Leitsatz ›Wer will was, von wem, wann, wie viel, wozu?‹ ist dabei entscheidend. Die genauen Schritte der Auftragsklärung sind im Handbuch Notfallmanagement zu finden, weil diese immer als Gedankenstütze griffbereit sein sollten.

Abb. 35: Telefontraining für Notfallmanager

Die Notfallmanager müssen nach einem Einsatz im Gespräch mit den Verantwortlichen des NfM überprüfen, ob sie weitergehende psychische Hilfe benötigen. Dieser

Schritt ist essentiell – er soll verhindern, dass die weitere Arbeit durch unbearbeitete Belastungssituationen gestört wird.

Dieses so genannte ›Debriefing‹ sollte regelmäßig durchgeführt werden, auch wenn Einzelne oder das ganze Team keinen Notfall bearbeitet haben. Im Fokus sollten das Agieren der Personen und die zum Bearbeiten vorhandenen Unterlagen (Notfallmappe und Handbuch Notfallmanagement) stehen.

Ein Reflexionstreffen, das regelmäßig einmal pro Monat durchzuführen ist, sollte folgendermaßen aufgebaut sein:

- Einsatzzeiten, Bearbeitungsdauer beleuchten,
- Notfall-Protokolle auswerten,
- Berichte aus den Medien analysieren,
- Festhalten von möglichen Veränderungen für das Notfallmanagement-System, die sich aus dem Debriefing ergeben.

Modul 3: Austauschtreffen (ca. 3 Stunden)

Das Austauschtreffen beinhaltet einen Themen-Schwerpunkt mit einem externen Referenten. Das Treffen sollte ca. 1,5 Stunden in Anspruch nehmen. Nach dem inhaltlichen Teil soll es eine offene Austauschrunde über die gemachten Erfahrungen in der Dienstzeit geben.

Dienstpläne

Die Erstellung eines Dienstplans und das Erinnern an den bevorstehenden Dienst durch das Versenden einer SMS oder einer Nachricht bei z. B. WhatsApp sollte eine Person betreuen. Per Mail werden die Zeiträume abgefragt, in denen die Notfallmanager z. B. von 19:00 Uhr bis 19:00 Uhr des Folgetages verfügbar sind. Diese Informationen werden in eine 🗀 **Dienstplan-Matrix** eingetragen, aus der sich dann leicht ein Dienstplan erstellen lässt. Außerdem wird diese Matrix online zur Verfügung gestellt, damit man im Bedarfsfall schnell überblicken kann, mit wem das Tauschen der Dienste möglich ist. Entsprechende Tools werden am Ende des Kapitels vorgestellt.

Die Dienstplanmatrix erleichtert den Überblick.

Da übergeordnete Organisationen in der Regel mehrere Untergruppierungen haben, ist es ratsam, mit einem einfachen Anmeldesystem zu arbeiten. Bei der DPSG in Münster hat es sich bewährt, den Notfallplan mit angehängter Teilnahmeliste auf der Homepage zur Verfügung zu stellen. Hier laden sich die Ortsgruppen diese Daten herunter und schicken sie ausgefüllt an eine bestimmte Mail-Adresse (eine eindeutige ist sinnvoll, z. B.: notfallmanagement@name-der-organisation.de). Damit stehen den Notfallmanagern alle wichtigen Daten zur Verfügung. Sollte also jetzt ein Anruf von einer angemeldeten Ortsgruppe eingehen, ist anhand des Notfallplans schnell zu ermitteln, um wen es sich handelt. Als Serviceleistung empfiehlt es sich, die Notfallmappe mit allen Elementen und dem eingereichten Notfallplan den teilnehmenden Gruppen kostenlos zur Verfügung zu stellen. Das senkt die Hemmschwelle für die Teilnahme.

Schulungen für Veranstaltungsleitungen

Um mit dem System arbeiten zu können, muss die Veranstaltungsleitung über den Nutzen, die Funktionen und die Erreichbarkeit informiert werden. Zudem ist dem Aufwand des Ausfüllens des Notfallplans ein entsprechend höherer Gegenwert gegenüberzustellen. Der könnte z. B. darin bestehen, dass die Sammlung der Daten aus dem Notfallplan und den anderen Elementen für alle Ortsgruppen jederzeit über die Notfallnummer abfragbar ist. Andernfalls besteht die Gefahr, dass Argumente aufkommen wie: »Ich bin seit 20 Jahren in der Jugendarbeit, und es ist noch nie etwas passiert!« oder »Ich habe als Lehrerin schon so viele vermeintliche lebenswichtige Systeme mitbekommen, dieses wird auch nichts besser machen!«. Wichtig bei den Schulungen ist, dass auf einen hohen praktischen Anteil geachtet wird. *Learning by doing* sollte der Leitspruch beim Gestalten und Ausarbeiten der Schulungen sein.

Abb. 36: Während der Schulung

Learning by doing sollte der Leitspruch beim Gestalten und Ausarbeiten der Schulungen sein.

Die Teilnehmer solcher Schulungen sind Multiplikatoren für die anderen in ihrer Gruppe. Gerade Kinder und Jugendliche sollten bei der Notfallvorbereitung stärker in den Fokus genommen werden. Zum einen um die Selbsthilfefähigkeit zu stärken, zum anderen um sie zu guten »Helfern« zu machen. Dafür müssen die Lerninhalte natürlich kindgerecht aufbereitet werden. Es empfiehlt sich, mit Ausbildern aus dem Bereich Erste Hilfe zusammen zu arbeiten, um gute Schulungen anzubieten. Beispiele für den Ablauf der Module finden sich im Download.

Modul 1: Einführung in das NfM-System (1,5–2 Stunden)

Die Schulung umfasst die Vorstellung des NfM-Systems. Hier sollen die Teilnehmer den Sinn der Notfallprävention und den Prozess der Nutzung des NfM-Systems lernen. Danach gibt es eine offene Fragerunde.

Modul 2: Schwerpunktthema (2–3 Stunden)

Das Schwerpunktthema sollte jährlich wechseln, damit es einen Anreiz gibt wiederzukommen. Die Inhalte sollten sich an der Wirklichkeit der konkreten Schule/Gruppe orientieren. Praxisbeispiele für weitere Module:
- Gefährdungsbeurteilung
- Ladungssicherung bei Fahrzeugen und Anhängern
- Gewaltprävention
- Versicherungsfragen
- Erste Hilfe, speziell auf die eigene Arbeit zugeschnitten

Die Technik, die für dieses Modul sinnvoll und wichtig ist, wird im Kapitel 5 genau beleuchtet.

4.6 Aufbau-Baustein 2: »Notfallstab« (NfSt)

Bei Großunglücken wird eine Person als Notfallmanager mit der Abwicklung eines Notfalls überfordert sein. Neben den Aufgaben, die die Rettungskräfte und Behörden automatisch übernehmen, verbleiben viele Aufgaben beim Veranstalter, die von einem Notfallstab (NfSt) koordiniert werden. Der Baustein kann eingerichtet werden, wenn entsprechende Ressourcen zur Verfügung stehen. Er bietet sich für überregionale Organisationen an. Dabei darf der Notfallstab innerhalb dieses Systems nicht mit Notfall- oder Krisenstäben verwechselt werden, die Behörden oder Rettungsdienste nach einem schweren Unglück einsetzen. Der Notfallstab in einer Struktur der Jugendarbeit sorgt dafür, dass die Organisation sprach- und handlungsfähig bleibt und die ihr im Krisenfall obliegenden Aufgaben wahrnehmen kann. Die liegen vor allem in der Betreuung und Information der Betroffenen und der Angehörigen, sowohl unmittelbar nach dem Unglücksfall als auch in der Zeit danach. Auch die adäquate Information der Öffentlichkeit über die Presse gehört zu den Aufgaben des Notfallstabs. Dafür ist er mit geschultem Fachpersonal ausgestattet.

Der Notfallstab wird darauf vorbereitet, unter Stress Informationen zu koordinieren und strukturiert zu arbeiten.

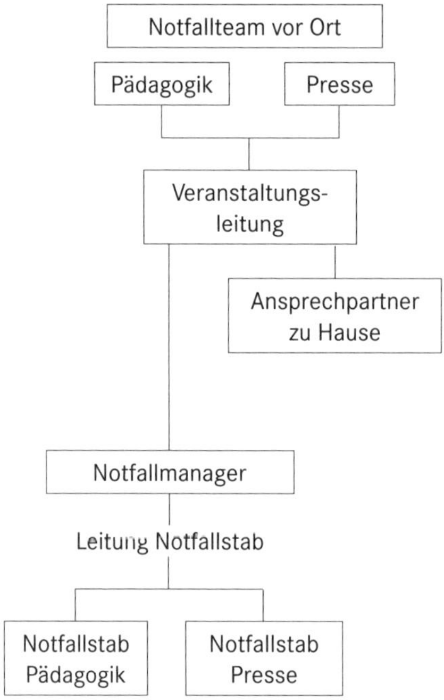

Grafik 5: Organigramm Notfallstab

Leitung

Die Leitung übernimmt eine verantwortliche Person der Organisation, z. B. ein Vorstandsmitglied. Es ist unumgänglich, dass sie mit den inneren Strukturen und Leitungsaufgaben bestens vertraut ist. Neben der Leitung und Koordination kommt auf sie zusätzlich die Sicherstellung des plötzlichen Notfallbetriebs zu. Diese Struktur unterscheidet sich erheblich von den anderen in der Jugendarbeit üblichen Kommunikationsformen, die von Offenheit und Partizipation geprägt sind. Die Hauptziele bzw. Hauptaufgaben sind:

- Bündelung der Kommunikation,
- Sicherstellung schneller Entscheidungen,
- konsequentes Handeln.

Um diesen Anforderungen gerecht werden zu können, hat die Leitung eine hohe Entscheidungskompetenz, die auch ohne Rücksprache mit den verbandlichen oder schulischen Entscheidungsträgern ausgeübt werden kann.

Trotz entstehender Hektik gilt es, nichts zu überstürzen. Als Hilfestellung für ein schnelles und konsequentes Handeln dienen Checklisten z. B. zum Ablauf oder zu wichtigen Kontakten, die im 🗀 **Handbuch Notfallmanagement** (→ Kapitel 5) zur Verfügung stehen. Das Handbuch Notfallmanagement enthält z. B. Verfahrensvorschläge und alle weiteren Informationen zum Abwickeln von »Notrufen«. Außerdem sind in ihm wichtige Kontakte hinterlegt. Jeder Notfallmanager sollte es in der Dienstzeit mit sich führen, um im Zweifelsfall nachschlagen zu können.

Die Leitung muss eine hohe Entscheidungskompetenz haben.

Sollte genügend Zeit sein, kann diese dazu genutzt werden, das Handeln möglichst im Vorfeld zu strukturieren und sich dabei eventueller Stolpersteine und Schwierigkeiten bewusst zu werden.

Die Leitung des Notfallstabs darf sich nicht am konkreten und aktiven Helfen beteiligen, um immer den eigenen Hauptaufgaben gerecht werden zu können. Der Abstand muss vor allem deshalb gewahrt werden, um sich nicht von den eventuell belastenden Bildern emotional beeinflussen zu lassen. Nur so kann gewährleistet werden, dass die Leitung zu klaren Entscheidungen und Aussagen in der Lage ist.

Presse

Bei Unglücksfällen wird sich in aller Regel die Presse bei der beteiligten Organisation melden und möglicherweise auch die direkt beteiligten Personen befragen wollen. Mit einer für diese Arbeit qualifizierten Person ist der Notfallstab für diesen Bereich als ausschließliche Instanz zuständig. Sie muss eine gute Kenntnis der Struktur der Organisation haben.

Abb. 37: Berichterstattung zu einem Notfall

Vor einem Gespräch mit Pressevertretern sollte abgeklärt werden, welches Anliegen sie haben und ob man selbst der richtige Ansprechpartner für das gewünschte Thema ist. Ist dies nicht der Fall, muss an eine andere zuständige Stelle verwiesen werden.

Fragen, die im Verlauf des Interviews gestellt werden, sollten vorher abgeklärt werden, um sich adäquat vorbereiten zu können. Die O-Töne, die sich viele Journalisten wünschen, können zu unüberlegten Aussagen führen, die es zu vermeiden gilt!

Es ist wichtig, die Medien als »Partner« für die Informationsverbreitung zu gewinnen.

Es ist wichtig, die Medien als »Partner« für die Informationsverbreitung zu gewinnen und nicht als »Gegner«. Die betroffene Organisation kann die Medien nicht daran hindern, über ein bekannt gewordenes Ereignis zu berichten. Sie kann jedoch beeinflussen, welche Informationen zu welchem Zeitpunkt weitergegeben werden.

- Alle Pressemitteilungen müssen von der Leitung des Notfallstabs abgesegnet werden.
- Artikel sollten sachlich sein und erklären, was passiert ist. Wichtig: Keine Infos verschweigen! Sollten die Journalisten später »Lügen« aufdecken, wird es unangenehm!
- Bei Großschadensereignissen kann es sinnvoll sein, eine Pressekonferenz abzuhalten.

In vielen Organisationen ist es üblich, für die Homepage eine sogenannte »Blackpage« im Hintergrund zu haben, die bei besonders schwerwiegenden Unglücken die normale Homepage ersetzt und die Trauer der Verantwortlichen zum Ausdruck bringen kann.

Abb. 38: Trost für Betroffene

Pädagogik

Die Abteilung Pädagogik ist in erster Linie dafür zuständig, Gespräche mit Eltern und Angehörigen zu führen und Hilfe für die Betroffenen einzurichten. Es kann ebenso sinnvoll sein, Seelsorger in diesen Bereich einzubinden. Des Weiteren fällt auch die Aufarbeitung des Notfalls nach der akuten Situation in ihr Ressort. Dabei ist der diensthabende Pädagoge nicht auf sich allein gestellt. Er kann sich, wenn nötig, kompetente Unterstützung von außen holen, und hat für solche Zwecke eine Kontaktliste mit Beratungsstellen zur Hand. Das Hauptaugenmerk liegt auf der Ansprechbarkeit. Bei einem Notfall ist schnelle Hilfe für die Betroffenen wichtig. Deshalb müssen die Personen, die als Helfer am Veranstaltungsort auftreten (z. B. Seelsorger), schnellstmöglich informiert werden.

> Die Abteilung Pädagogik ist in erster Linie dafür zuständig, Hilfe für die Betroffenen einzurichten.

Die Gespräche mit den Angehörigen der möglichen Opfer sollten von der Abteilung »Pädagogik« in Zusammenarbeit mit den Ansprechpartnern am Veranstaltungsort vorgenommen werden. Es ist davon auszugehen, dass die Leitung am Ort des Geschehens im Notfall wahrscheinlich emotional zu stark betroffen ist, um die nötige Ruhe zu bewahren. Des Weiteren werden diese Kräfte im Zweifelsfall stark beansprucht. Auf jeden Fall zu beachten ist, dass nicht nur die unmittelbar Betroffenen Hilfe benötigen, sondern dass so bald als möglich auch allen anderen indirekt Betroffenen Hilfe in Aussicht gestellt bzw. angeboten werden sollte.

Bei einem Todesfall ist es Aufgabe der Polizei, die Nachricht an die Angehörigen zu überbringen. Hier kann es sinnvoll sein, die Polizisten zu begleiten, um unmittelbar weiterführende Unterstützung anzubieten.

Nach der akuten Situation bleiben die Eindrücke des Notfalls meistens sehr präsent und die Betroffenen leiden darunter. Hier muss für eine adäquate Nachbetreuung gesorgt werden. Zum einen können therapeutische Gespräche helfen, zum anderen sollten, vor allem bei posttraumatischen Belastungsstörungen, externe Fachleute eingesetzt werden.

Der Notfallstab wird darauf vorbereitet, unter Stress Informationen zu koordinieren und strukturiert zu arbeiten.

Ausbildungsmodule für den Notfallstab

Das Team aus Notfallmanagern wird jetzt durch den Notfallstab ersetzt. Dieses neue Team besteht aus Fachpersonal in den drei Bereichen Leitung, Pädagogik und Presse, die im Notfall genau festgelegte Aufgaben übernehmen. Der Notfallstab muss so organisiert sein, dass er immer aus Personen besteht, die nicht an der jeweiligen Veranstaltung teilnehmen, sondern im Notfall als unbeteiligte und nicht unmittelbar betroffene Personen mit der nötigen Ruhe von außen agieren können.

Notfallstab und Notfallmanager besuchen zusammen das erste und das dritte Modul der Ausbildungsmodule der NFMan. Das zweite Modul ›Gesprächsführung‹ ist aber für die Mitglieder des NfSt nicht von großer Bedeutung, da die Anrufe auch nach der Aktivierung des NfSt weiterhin von NfMan bearbeitet werden sollen. Der NfSt soll im Modul Notfallstab auf den Stress, Informationen zu koordinieren, und auf strukturiertes Arbeiten vorbereitet werden. Das Modul nimmt ca. sechs Stunden in Anspruch. Beispiele für die Gestaltung des Moduls finden sich im 🗀 Download.

Organisatorische Voraussetzungen für den Notfallstab

Zunächst muss zweifelsfrei festgelegt werden, in welchen Fällen der Notfallstab eingesetzt wird und wer ihn alarmiert. Die Einordnung von Notfällen in Kategorien im 🗀 **Handbuch Notfallmanagement** (S. 134 f.) gibt dafür eine Grundlage.

- *Kategorie I: Unfall, Medizinischer Notfall* – Keine Einberufung des Notfallstabs notwendig, der Notfallmanager kann alles allein bewältigen.
- *Kategorie II: Gravierender Unfall, Notfall oder Gesundheitsgefährdung* – Der Notfallmanager muss abwägen, ob er Unterstützung durch den Notfallstab benötigt.
- *Kategorie III: Schwerwiegender Unfall, schwerwiegende Gewalt, Sexualisierte Gewalt, plötzlicher Todesfall* – Der Notfallstab ist unbedingt einzuberufen.

Aktivierung des Notfallstabs.

Sobald es nötig ist, den Notfallstab zu aktivieren, muss der Notfallmanager zuerst dessen Leitung aktivieren. Erst im Anschluss muss der Notfallmanager abwägen, welche beratenden Instanzen, wie Pädagogik und Presse, außerdem notwendig sind. Es ist sicherzustellen, dass die Mitglieder des Notfallstabs 24 Stunden erreichbar sind und innerhalb von ungefähr acht Stunden einsatzbereit im Büro sein können. Je nach zeitlicher Ausdehnung der zu betreuenden Veranstaltungen – z. B. Ferienlager über den gesamten Zeitraum der Sommerferien – kann es sinnvoll sein, die Aufgaben mit mehreren Personen zu besetzen.

Es bietet sich an, als Einsatzort ein zentrales Büro zu nutzen, in dem Arbeitsmittel wie eine Telefonanlage, PCs mit Internetzugang, Tagungsmöglichkeiten usw. vorhanden sind. Am Einsatzort müssen alle für das jeweilige Vorhaben wichtigen Unterlagen, insbesondere der Notfallplan, Teilnehmerlisten und Kontaktlisten für Beratungsdienste, schnell verfügbar sein. Protokollbücher für jedes Notfallstabsmitglied und eine Moderationswand zum übersichtlichen Anbringen wichtiger Dokumente sind ebenfalls hilfreich. Unter Umständen ist es auch möglich, per Telefonkonferenz zu tagen. So kann der Notfallstab ohne Zeitverlust direkt zusammentreten.

Abb. 39: Inhalt eines Notfallstab-Koffers

Der Notfallstab-Koffer enthält alle wichtigen Materialien, um als Notfallstab schnell mit der Arbeit starten zu können. Im Koffer finden sich vorbereitete 🗀 **Personenzettel** für die Erfassung des Status der Teilnehmer und der Leiterinnen.

So kann auf einen Blick erfasst werden, wie viele Menschen verletzt sind. Der Status wird auf einem vorbereiteten 🗀 **Personenstatus-Board** festgehalten.

Alle Aufgaben, die während der Arbeit im Notfallstab anfallen, werden mit Hilfe der **Notizzettel** aufgenommen. Hier ist auf einen Blick zu sehen, was zu tun ist und wer zuständig ist.

Personenzettel

Name: Müller	Vorname: Mia
Adresse: Kurzer Weg 2 1234 Pusemuckel	Geb.: 25.12.2005
Telefon: 0151 **********	Alter: 9
E-Mail: --	Geschlecht: [W] M

Status

[UV] LV SV Vermisst Verstorben Leiter [TN]

Status: UV = unverletzt; LV = leicht verletzt; SV = schwer verletzt; vermisst; verstorben

Grafik 6: Personenzettel: Übersicht für jede einzelne Person

Die Aufgaben werden dann im zweiten Schritt auf einem **Kanban-Board** im ›Backlog‹ gesammelt und nach Wichtigkeit abgearbeitet. *Kanban* kommt aus dem Japanischen und heißt so viel wie »Karte«. Die Methode dient der Prozesssteuerung: Alle Karten sind entweder im Status *Bereit, in Arbeit* oder *Fertig;* Ergänzungen sind möglich. Wird eine Aufgabe von einem Mitglied des Notfallstabs übernommen, zieht diese Person die Karte in das Feld ›Name In Arbeit‹ an die Position mit ihrem Namen. Wird eine Aufgabe delegiert oder muss auf jemanden gewartet werden, um die Aufgabe abzuschließen, wandert der Zettel mit der Aufgabe in die Spalte ›Gehege‹. Ist eine Aufgabe erledigt, wird der Zettel in die Spalte ›Fertig‹ gehängt. Der große Vorteil dieser Art der Aufgabenverwaltung ist die klare Übersicht. Zu jedem Zeitpunkt kann die Leitung sehen, wer welche Aufgabe bearbeitet, welche Aufgaben noch nicht erledigt sind und welche Aufgaben delegiert sind.

Am Einsatzort müssen alle wichtigen Unterlagen schnell verfügbar sein.

Neben diesen im Download verfügbaren Materialien ist es sinnvoll, mehrere Hefte zum fortlaufenden Protokollieren für die einzelnen Notfallstabsmitglieder zu haben. Weitere Inhalte können Klebeband, Whiteboard-Marker u.v.m. sein.

Personenstatus

Teilnehmende

UV

Personenzettel
Name: Müller Vorname: Mia
Adresse: Kurzer Weg 2, 1234 Puselmuckel Geb.: 25.12.2005
Telefon: 0151 ******* Alter: 9
E-Mail: - Geschlecht: W [x] M [ ]
Status: UV [x] LV [ ] SV [ ] Vermisst [ ] Verstorben [ ] Leiter [ ] TN [x]

Personenzettel
Name: Kling Vorname: Fritz
Adresse: Gleicherweg 90, 1234 Pusemuckel Geb.: 11.07.2006
Telefon: 0151 ******* Alter: 8
E-Mail: - Geschlecht: W [ ] M [x]
Status: UV [x] LV [ ] SV [ ] Vermisst [ ] Verstorben [ ] Leiter [ ] TN [x]

Personenzettel
Name: Politza Vorname: Ralf
Adresse: Superstr. 21, 1234 Pusemuckel Geb.: 05.06.2005
Telefon: 0151 ******* Alter: 10
E-Mail: - Geschlecht: W [ ] M [x]
Status: UV [x] LV [ ] SV [ ] Vermisst [ ] Verstorben [ ] Leiter [ ] TN [x]

LV

Personenzettel
Name: Langhans Vorname: Peter
Adresse: Johannes Pad 1, 1234 Pusemuckel Geb.: 03.04.2006
Telefon: 0151 ******* Alter: 9
E-Mail: - Geschlecht: W [ ] M [x]
Status: UV [ ] LV [x] SV [ ] Vermisst [ ] Verstorben [ ] Leiter [ ] TN [x]

Personenzettel
Name: Hafer Vorname: Sabine
Adresse: Selbestr. 76, 1234 Pusemuckel Geb.: 08.09.2005
Telefon: 0151 ******* Alter: 10
E-Mail: - Geschlecht: W [x] M [ ]
Status: UV [ ] LV [x] SV [ ] Vermisst [ ] Verstorben [ ] Leiter [ ] TN [x]

SV

Personenzettel
Name: Schmitz Vorname: Linus
Adresse: Kanonengraben 34, 1234 Pusemuckel Geb.: 06.03.2005
Telefon: 0151 ******* Alter: 10
E-Mail: - Geschlecht: W [ ] M [x]
Status: UV [ ] LV [ ] SV [x] Vermisst [ ] Verstorben [ ] Leiter [ ] TN [x]

Leitende

UV

Personenzettel
Name: Karlson Vorname: Karl
Adresse: Gerade Str. 87, 1234 Pusemuckel Geb.: 07.11.1991
Telefon: 0151 ******* Alter: 24
E-Mail: - Geschlecht: W [ ] M [x]
Status: UV [x] LV [ ] SV [ ] Vermisst [ ] Verstorben [ ] Leiter [x] TN [ ]

Personenzettel
Name: Hausner Vorname: Klara
Adresse: Schiefer Weg 2, 1234 Puselmuckel Geb.: 24.06.1990
Telefon: 0151 ******* Alter: 25
E-Mail: - Geschlecht: W [x] M [ ]
Status: UV [x] LV [ ] SV [ ] Vermisst [ ] Verstorben [ ] Leiter [x] TN [ ]

LV

SV

Aufgabenverwaltung

Backlog

Notizzettel
Datum: 25.03.2015 Uhrzeit: 11:35 Uhr
Anrufer: Herr Zippelkirchen Zuständig: Presse
Inhalt:
Herr Zippelkirchen hat vom Unfall erfahren und möchte weitere Infos.
Aufgabe: Pressemitteilung schreiben

Notizzettel
Datum: 25.03.2015 Uhrzeit: 11:43 Uhr
Anrufer: Herr Zippelkirchen Zuständig: Leitung
Inhalt:
Herr Zippelkirchen hat vom Unfall erfahren und möchte weitere Infos.
Aufgabe: Wenn Pressemitteilung fertig, Freigabe erteilen

Notizzettel
Datum: 25.03.2015 Uhrzeit: 10:36 Uhr
Anrufer: Zuständig: Pädagogik
Inhalt:
Aufgabe: DRK anrufen und um die Versorgung der Personen vor Ort bitten (Decken und Essen)

Notizzettel
Datum: 25.03.2015 Uhrzeit: 13:36 Uhr
Anrufer: Zuständig: Presse
Inhalt:
Aufgabe: Black Page erstellen

Name In Arbeit

Leitung Lisa:

Notizzettel
Datum: 25.03.2015 Uhrzeit: 15:43 Uhr
Anrufer: Herr Feuerwehr Zuständig: Leitung
Inhalt:
Die Feuerwehr braucht die Teilnahmelisten zum Abgleich, da die vor Ort beschädigt sind.
Aufgabe: Teilnahmelisten faxen

Presse Peter:

Notizzettel
Datum: 25.03.2015 Uhrzeit: 14:23 Uhr
Anrufer: Herr Bistum Zuständig: Presse
Inhalt:
Das Bistum möchte die Pressearbeit unterstützen.
Aufgabe: Mit Bistum absprechen, wie Unterstützung aussehen kann.

Pädagogik Paul:

Notizzettel
Datum: 25.03.2015 Uhrzeit: 12:43 Uhr
Anrufer: Frau Frankenhahn Zuständig: Pädagogik
Inhalt:
Frau Frankenhahn hat vom Unfall erfahren und möchte mit Ihrer Tochter Julia sprechen.
Aufgabe: Leitung am Veranstaltungsort anrufen und mitteilen, dass Julia ihre Mutter anrufen soll.

Gehege

Notizzettel
Datum: 25.03.2015 Uhrzeit: 10:23 Uhr
Anrufer: Zuständig: Pädagogik
Inhalt:
Der Seelsorger vor Ort wurde angerufen und gebeten zum Unfallort zu fahren.
Aufgabe: Checken, ob der Seelsorger angekommen ist und seine Sicht der Situation erfragen.

Fertig

Notizzettel
Datum: 25.03.2015 Uhrzeit: 09:23 Uhr
Anrufer: Zuständig: Leitung
Inhalt:
Aufgabe: Kanban-Board und Personenstatus-Board einrichten

4.7 Evaluation

Die Erfahrungen zeigen, dass es im Bereich der Kinder- und Jugendarbeit insgesamt wenige Notfälle gibt und dass diese in der Regel vor Ort erfolgreich bearbeitet werden können. Entsprechend gibt es glücklicherweise nur wenige Fälle, in denen alle Bausteine beansprucht werden. Dadurch gibt es nur begrenzte Möglichkeiten, tatsächliche Erfahrungen auszuwerten und das System auf diese Weise zu verbessern. Umso wichtiger ist es, die existenten Praxisfälle zu evaluieren. Das betrifft sowohl die Bearbeitung kleinerer Notfälle als auch die Interaktion unter den jeweils Verantwortlichen.

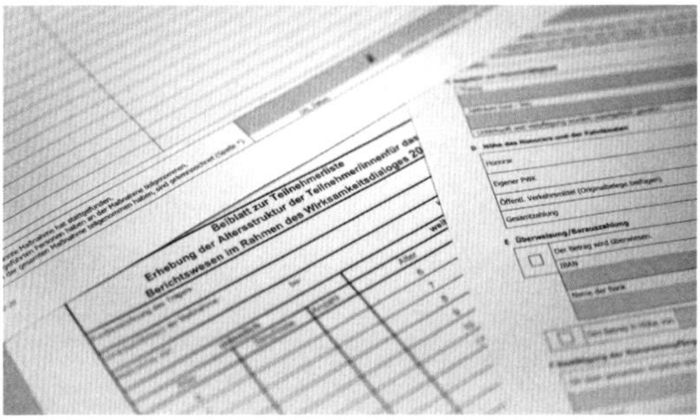

Abb. 40: Statistik-Unterlagen für Evaluation und Abrechnung

Das beste Notfallmanagement hilft nichts, wenn niemand davon weiß. Aus diesem Grund ist es notwendig, dass im Vorfeld von Veranstaltungen alle Beteiligten darüber informiert werden und vor allem die Notfallnummer bekannt gegeben wird. Eine Checkliste dient dazu, niemanden zu vergessen. Sie kann beliebig erweitert werden.

Checkliste Notfall-Ablauf

Information an	Informationsweg	Erledigt
Veranstaltungsteilnehmer, Gruppenleiterinnen	Lagerpass Notfallkarte	
Eltern	Informationsschreiben, Information beim Elternabend, Notfallkarte	
Ansprechpartner zu Hause	Persönlich, telefonisch, Notfallplan	
Notfallmanager	Notfallplan	
Ansprechpartner am Unfallort	Notfallplan, Notfallkarte	
Behörden am Veranstaltungsort	Notfallkarte	
...	...	

4.8 Technik

Bei der Einrichtung eines NFM-Systems wird man unweigerlich zu der Frage kommen, welche technischen Möglichkeiten sinnvolle Unterstützung bieten können. Beispielhaft werden einige vorgestellt, ohne dabei Anspruch auf Vollständigkeit zu erheben. Durch die rasante Weiterentwicklung moderner Kommunikationsmedien entstehen ständig neue Möglichkeiten für die Kommunikation und die Speicherung von Informationen.

Die beste Technik wird nur dann zielführend sein, wenn sie einfach zu bedienen ist und zuverlässig funktioniert.

Trotz des enormen Reizes technischer Spielereien ist es grundsätzlich sinnvoll, zuerst das System zu überlegen und die Strukturen festzulegen. Erst dann sollte die Frage gestellt werden, welche technischen Möglichkeiten diese Strukturen tatsächlich unterstützen können. Wenn man anders herum arbeitet, kommt man leicht in die Versuchung, spannende technische Dinge umzusetzen, obwohl sie möglicherweise gar nicht benötigt werden. Die beste Technik wird nur dann zielführend sein, wenn sie einfach zu bedienen ist und zuverlässig funktioniert.

Mobiltelefone

Die Nutzung von Mobiltelefonen zur schnellen Informationsweitergabe bietet sich in jedem Fall an und ist den meisten Menschen auch vertraut. Ein internetfähiges Smartphone bietet zusätzlich noch die Möglichkeit der Nutzung eines E-Mail-Kontos, kann Daten und Kontakte speichern und bietet über integrierte Karten- und Navigationssoftware zusätzlich Orientierungsmöglichkeiten.

Die Ausstattung aller am NfMS beteiligten Personen mit einem Mobiltelefon gehört zum Standard und wird auch kein großes Problem darstellen, da in der Regel private oder auch dienstliche Handys vorhanden sind. Falls dies nicht der Fall ist, sollte die Organisation Smartphones, die oft auch gebraucht günstig zu erwerben sind, mit einer Prepaid-Karte zur Verfügung stellen. Die Nutzer der Mobiltelefone müssen sicherstellen, dass sie erreichbar sind, z. B. dadurch, dass der Akku entsprechend aufgeladen ist und ein Ersatz-Akku mitgeführt wird. Bei Veranstaltungen im Ausland muss das Roaming möglich und ak-

Abb. 41: Wichtiges Arbeitsmittel: das Handy

tiviert sein, damit sowohl eingehende als auch ausgehende Gespräche möglich sind. Außerdem bietet es sich an, dass alle für die Veranstaltung wichtigen Telefonnummern auf möglichst vielen Handys gespeichert sind.

Telefonanlage

Wenn der Notfallmanager mit einem Mobiltelefon ausgestattet ist, muss die Frage beantwortet werden, über welche Nummer er erreichbar ist. Hier bietet es sich an, eine beständige Festnetznummer zu nutzen, die auf das Mobiltelefon des jeweiligen Notfallmanagers umgeleitet wird. Diesen Dienst haben bereits einfache Haus-Telefonanlagen, die in vielen Haushalten vorhanden sind. Größere Anlagen bieten in der Regel zusätzlich die Möglichkeit, sich von außen in die Anlage einzuwählen. So kann z. B. der Notfallmanager die Telefonnummer bei Dienstantritt selbst auf sein Handy umstellen und ist damit erreichbar. Oft können auch Ansagen mit wichtigen Hinweisen aufgesprochen werden, die die Anrufer hören, bevor sie mit dem Notfallmanager verbunden werden.

Abb. 42: Telefon- und Netzwerktechnik im Notfallsystem

Außerdem wird eine Telefonanlage gute Dienste leisten, wenn ein Notfallstab im Büro der Organisation tagt und gleichzeitig mehrere Telefonate führen und auch von außen erreichbar sein muss.

Cloud-Dateiablage

Im NfMS werden viele Daten benötigt, die für viele Beteiligte an unterschiedlichen Orten verfügbar sein müssen. Viele Cloud-Systeme bieten mit Kalender, Dateiablage, Kontaktspeicher und Mail-Account die Funktionalitäten, die für das System wichtig sind. Im Kalender können alle Dienstzeiten, aber auch alle Termine und Orte eingetragen werden. In der Dateiablage können alle Informationsdokumente und Checklisten und zusätzlich auch alle ausgefüllten Notfallpläne und Protokolle an einem Ort gespeichert werden. Beachtung muss hier das Thema Datenschutz finden. So muss die Leitung gerade unter diesem Aspekt entscheiden, welches System gewählt wird. Möglicherweise bietet es sich an, einen Server im eigenen Büro zu nutzen, in den sich die Mitarbeiter auch von außen einwählen können.

SMS-Dienste

Die Nutzung von SMS-Diensten kann sinnvoll sein, wenn häufig Erinnerungen an Personen versandt werden müssen, die bestimmte Aufgaben übernommen haben. Wenn mehrere Notfallmanager in den Sommerferien im Einsatz sind, hat es sich bewährt, ihnen einen Tag vor Dienstantritt eine Erinnerungsnachricht zu schicken. Solche Aufgaben können über SMS-Dienste, die auch per PC zu bedienen sind, automatisiert werden.

Telefonkonferenzen

Für Telefonkonferenzen, z. B. für den Notfallstab, gibt es im Internet zuverlässig funktionierende kostenlose »Konferenzräume«. Über eine einmalige Anmeldung durch den Veranstalter bekommt man dort einen virtuellen Konferenzraum, in den sich alle Teilnehmer mit einer bekannt gegebenen Telefonnummer und einem Code einloggen können.

Umfrage-Tools

Die Weiterentwicklung eines NfMS erfordert, dass alle Beteiligten regelmäßig befragt werden. Es bietet sich an, dafür Online-Umfrage-Tools einzusetzen, die von den Befragten sehr einfach online beantwortet werden können. Eine zahlenmäßige Auswertungsmöglichkeit liefern diese in der Regel kostenlosen Tools direkt mit.

4.9 Literaturempfehlung

Adler, Tine/Igl, Andreas/Herzog, Roland/Knobbe, Martin/Krüsmann, Marion/Rieger, Bärbel/Wagner, Oliver (2009): Kompass Notfallmanagement. Und wenn es doch passiert. Düsseldorf: Verlag Haus Altenberg GmbH

Aus Sicht der Autoren stellt dieses Buch ein Grundlagenwerk für alle dar, die sich mit Notfallmanagement in der Kinder- und Jugendarbeit beschäftigen und es in größeren, auch überregionalen Organisationen einführen möchten. Für die Arbeit vor Ort in einem bestehenden Notfallsystem bzw. im Bereich der Ausbildung von Gruppenleitungen ist es ein gutes Nachschlagewerk und eine Möglichkeit zum Einstieg in das Thema.

Steinbeis-Hochschule Berlin (Hg.) (2009): Notfall- und Krisenmanagement im Unternehmen. Transfer-Dokumentation-Report. Unter Mitarbeit von Axel Bédé. Stuttgart: Steinbeis-Edition.

Lasogga, Frank; Gasch, Bernd (2013): Psychische Erste Hilfe bei Unfällen. 5. Auflage. Edewecht: Stumpf+Kossendey Verlag

Beide Werke sind gut zur weiteren Vertiefung für Verantwortliche in den Organisationen geeignet. Hauptberufliche Mitarbeiterinnen und andere Mitarbeiter in beratenden Aufgabengebieten, z. B. im Bereich Pädagogik im Notfallstab, finden hier eine Möglichkeit der Weiterqualifizierung.

Benson, Jim; DeMaria Barry, Tonianne (2013): Personal Kanban, Visualisierung und Planung von Aufgaben, Projekten und Terminen mit dem Kanban-Board, Heidelberg: dpunkt.verlag GmbH

Wer sich mit der Organisationsmethode Personal Kanban eingehender beschäftigen möchte, ist mit diesem Buch gut beraten. Hier kann einfach und schnell die Methode gelernt werden.

5. Handbuch Notfallmanagement

Abb. 43: Das Handbuch *Notfallmanagement* – Arbeitsgrundlage für alle Beteiligten

Das **Handbuch Notfallmanagement** ist ein direkt einsetzbares Handbuch für Organisationen, die ein Notfallmanagement-System nutzen. Die Bausteine können einzeln angesteuert werden. Es steht im Download im Format DIN-A6 zur Verfügung, kann auf Karteikarten gedruckt und mit Registern versehen und in ein entsprechendes Ringbuch geheftet werden. Damit ist es für alle am Notfallmanagement beteiligten Personen besonders handlich zu nutzen.

Wir gehen davon aus, dass für das Notfallmanagement-System (NfMS) ein Cloudkalender, das von außen erreichbare EDV-Netzwerk der Organisation oder der Schule und außerdem die von außen erreichbare Telefonanlage zur Verfügung stehen. Gebrauchsanleitungen müssen bei der Nutzung des Handbuches individuell ergänzt werden, da sie von der verwendeten Technik abhängig sind. Eventuell kann der örtliche EDV-Dienstleister Hilfestellung leisten. Die notwendigen Ergänzungen und Änderungen können in die Datei eingefügt werden.

Register

1 Technik
- 1 Nutzung der EDV-Infrastruktur
- 2 Aufgaben vor dem Dienstantritt
- 3 Dienstantritt
- 4 Nutzung des Cloud-Kalenders

2 Verhalten im Notfall
- 1 Checklisten der Notfallmappe
- 2 Allgemeine Hinweise zur Gesprächsführung
- 3 Fragenkatalog für Notfallmanager
- 4 Notfallschema
- 5 Notfall-Kategorien

3 Einsatz des Notfallstabs
- 1 Der Notfallstab (Organigramm)
- 2 Allgemeine Infos zur Arbeit im Notfallstab
- 3 Leitung
- 4 Presse
- 5 Pädagogik
- 6 Notfallstab-Aktivierung

4 Presse/Kontakte
- 1 Umgang mit der Presse
- 2 Telefonliste mit wichtigen Kontakten

5 Notizen

1 Technik

1. Nutzung der EDV-Infrastruktur

Für die Arbeit der Notfallmanager (NfMan) stehen zwei Arbeitsplattformen zur Verfügung, die im Folgenden ausführlich erläutert werden.

Der Gruppenkalender **[Cloud-Kalender]** mit folgenden Funktionen:

- Adressbuch
- Kalender
- Notizen
- Dateien

Der Zugang erfolgt über die Homepage **[Homepage]** mit den Logindaten: Benutzername: **[Benutzername]**; Kennwort: **[Kennwort]**

Das EDV-Netzwerk im **[Büro der Organisation]** mit den Funktionen:

- Zugriff auf Adressdatenbank
- Aktivierung der Notfallnummer über die Telefonanlage der Organisation auf das eigene Mobiltelefon

2. Aufgaben vor dem Dienstantritt

Die Zugangsmöglichkeiten und auch die Benutzung des **[Cloud-Kalender]** müssen einige Tage vor Dienstantritt getestet werden, damit das Büro bei etwaigen Schwierigkeiten noch entsprechende Unterstützung leisten kann.

Zugang mit dem eigenen PC **[Gebrauchsanleitung]**
Zugang mit einem Smartphone oder Tablet **[Gebrauchsanleitung]**

3. Dienstantritt

Bei Dienstantritt muss zuerst die Umleitung auf das eigene Handy eingerichtet werden. **[Gebrauchsanleitung]** Mit einem Testanruf der Notfallnummer wird abschließend die Rufweiterleitung kontrolliert.

4. Nutzung des Cloud-Kalenders

Der Kalender dient zur Übersicht für alle, falls ein Dienst getauscht werden muss. Der einspringende Notfallmanager muss seinen neu übernommenen Dienst selbst eintragen. Erst dann wird der alte Dienst gelöscht.

Dieser Dienstplan ist die verbindliche Übersicht über alle Dienstzeiten. Alle Einsätze sind ganztägig. Die Dienstzeit beginnt am angegebenen ersten Tag um **[19.00 Uhr]** und endet am Folgetag des letzten eingetragenen Tages um **[19.00 Uhr]**. Jeder Notfallmanager erhält eine Bestätigungs-SMS über den übernommenen Dienst und am Tag vor dem Dienst eine Erinnerungs-SMS.

Veranstaltungen: Hier sind alle angemeldeten Veranstaltungen der Organisation mit Hinweisen zum Veranstaltungsort, zur Veranstaltungsdauer und zur Veranstaltungsleitung eingetragen.

Notfallstab: Es sind immer drei Personen im Kalender zu finden, die den Notfallstab (NfSt) bilden. Die Personen sind farbig markiert, um die Identifikation der jeweiligen Funktion zu erleichtern: Blau = Leitung, Gelb = Presse, Grün = Pädagogik. Die Kontaktdaten aller Notfallmanager und Mitglieder des Notfallstabs sind hinterlegt.

Protokolle: Diese Funktion dient der Protokollierung einzelner Anrufe. Jeder Anruf muss protokolliert werden! Zuerst wird die Mustervorlage geöffnet und der Inhalt kopiert. Danach wird ein neues Dokument geöffnet und der Inhalt eingefügt. Diese Notiz wird unter folgendem Namen gespeichert:

Datum des Anrufes (JJ MM TT), Name Veranstalter

Bsp.: 15 06 29 Gruppe Musterdorf

Anleitungen, Download: Es sind wichtige Dateien hinterlegt, z. B.

- Notfallpläne aller angemeldeten Veranstaltungen
- Handbuch Notfallmanagement
- Hinweise für die EDV-Nutzung
- Sammlung von wichtigen Dokumenten
- Übersicht zum Thema Sexualität und Recht

2 Verhalten im Notfall

1. Checklisten

Hier sind alle Checklisten aus der Notfallmappe hinterlegt. Im Notfall ist es wichtig zu wissen, welche Hilfsmittel es bei der Veranstaltung vor Ort gibt.

2. Fragenkatalog

Die folgenden Fragen sollen ein Vorschlag für mögliches Abfragen bei einem Erstkontakt sein. Diese sollten ergänzt und weiterentwickelt werden.

Allgemeine Fragen:
- Wer ruft an?
- Telefonnummer erfragen!
- Was ist vorgefallen?
- Wo ist es passiert?
- Wie viele Personen sind betroffen/verletzt?
- Wann war das?

Fragen für Notfälle bei Veranstaltungen:
- Ist der Notruf 112 informiert worden?
- Welche Gruppe ruft an?
- Wie viele Verletzte gibt es?
- Sind die anderen Personen aus dem Gefahrenbereich gebracht?
- Sind genug Leitende anwesend, um die Situation zu beruhigen?
- Ist ein Seelsorger informiert?
- Ist jemand von der Presse vor Ort? Hinweis: Presse soll sich an die Notfallnummer [**+49** ***] wenden! Vor Ort soll keine Aussage gemacht werden!
- Wurden die Eltern der Verletzten informiert?

Fragen für Verdachtsfälle auf sexualisierte Gewalt:
- Gab es auch im Vorfeld schon Andeutungen/Vorfälle/Vermutungen/merkwürdige Situationen?
- Wer ist betroffen? (Wie geht es der/dem Betroffenen?)
- Wer wird beschuldigt? (Was weiß man über sie/ihn?)
- Wer weiß momentan alles von dem Vorfall/der Vermutung?
- Wer ist der Leiter der Seelsorgeeinheit?
- Wer unterstützt hauptamtlich die Jugendarbeit vor Ort?
- Wie erfuhr der/die Anrufer/in von dem Vorfall/der Vermutung?
- Ist jemand von der Presse vor Ort? Hinweis: Presse soll sich an die Notfallnummer [**+49** ***] wenden! Vor Ort soll keine Aussage gemacht werden!

3. Allgemeine Hinweise zur Gesprächsführung

Beim Annehmen des Anrufes muss es eine standardisierte Telefonbegrüßung geben: ›**[Name der Organisation]** Notfallmanagement, Sie sprechen mit **[Name der Notfallmanagerin]**‹, damit sich Anrufer direkt zurechtfinden. Im ersten Gespräch geht es um Informationen. Mit Hilfe der genannten Fragen und Regeln soll so viel Klarheit wie möglich hergestellt werden.

Folgende Regeln gelten während des gesamten Telefonats:

- Sachlich mit den Dingen umgehen.
- Sicherheit vermitteln, signalisieren, dass man sich kümmert.
- Vereinbarungen treffen, was bis zum nächsten Telefonat getan werden sollte/könnte.
- Weiteren Telefontermin innerhalb der nächsten 24 Stunden vereinbaren.
- Telefonnummer der Anrufenden geben lassen.

Auftragsklärung: »Wer will was, von wem, wann, wie viel, wozu?«
Der Notfallmanager muss klar verstehen, was der Anrufer von ihm will:

- Wer wünscht sich etwas?
- Was wünscht sich der Anrufer?
- Vom wem will er/sie etwas?
- Wann soll das geschehen?
- Wie viel wird erbeten?
- Wozu wird etwas gewünscht?

Es ist wichtig, die im Kopf des Notfallmanagers entstehenden Hypothesen und Vermutung zu überprüfen, indem man sie z. B. als Frage formuliert: »Kann es sein, dass die Situation folgendermaßen ist?« Wird eine Hypothese vom Anrufer abgelehnt, muss die Notfallmanagerin sie verwerfen und darf nicht an ihr festhalten, vor allem, wenn es plausibler erscheinende gibt.

Generell gilt:

- Seien Sie vorsichtig, wenn sie etwas zu schnell verstehen, denn es kann auch anders sein. Sie bekommen nur eine von der anrufenden Person gefilterte Beschreibung über eine hoch komplexe Situation. Andere Beteiligten liefern wahrscheinlich abweichende Berichte.
- Suchen Sie nicht nach Schuldigen, sondern nach Strukturen der Situation, die deren Gegebenheiten lösen und entzerren können.
- Nehmen Sie Aufträge nicht zu schnell an. Sonst entlasten Sie das System zu schnell und machen sich unentbehrlich. Generell muss das System schnellstmöglich selbst wieder handlungsfähig werden.
- Erfragen Sie Ressourcen, Problem- und Lösungskontexte.

4. Notfallschema

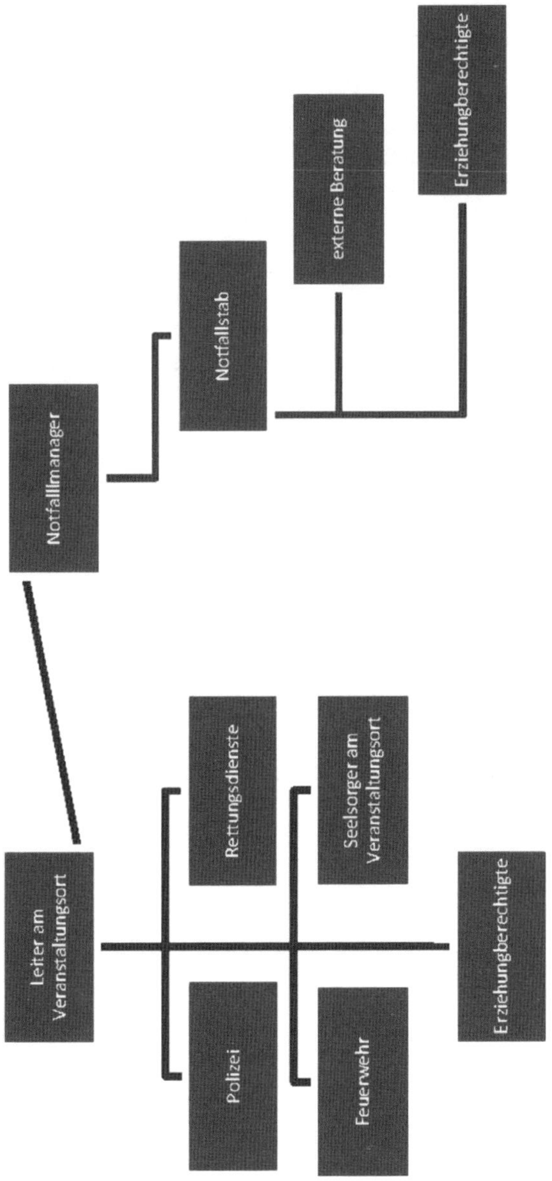

5. Notfallkategorien

Kategorie 0

Keine Einberufung des Notfallstabs notwendig. Der Notfallmanager kann alles allein bewältigen:

- Definition des Notfalls liegt ganz bewusst in den Händen der Anrufer. Daher sind alle Anliegen ernst zu nehmen und bedürfen der Unterstützung. Spaßanrufe sind in der Regel nicht zu befürchten. Beispiele: Versicherungsfragen, Absichern des Vorgehens, Unsicherheiten.

Kategorie 1

Keine Einberufung des Notfallstabs notwendig. Der Notfallmanager kann alles allein bewältigen:

- Unfall einer beteiligten Person, der nur wenige oder keine Auswirkungen auf den weiteren Verlauf der Veranstaltung hat. Beispiele: Stolpern über eine Zeltschnur, leichte Verbrennung.
- Medizinischer Notfall bei einer beteiligten Person, der nur wenige oder keine Auswirkungen auf den weiteren Verlauf der Veranstaltung hat. Beispiele: Allergische Reaktion bei Lebensmittelunverträglichkeit, Sonnenstich.

Kategorie 2

Hier muss der Notfallmanager abwägen, ob er Unterstützung durch den Notfallstab benötigt:

- Gravierender Unfall mit einer schwer verletzten Person, der große Auswirkungen auf den weiteren Verlauf der Veranstaltung hat. Beispiele: Autounfall, schwere Verbrennung, schwerer Sturz beim Klettern. Eventuell muss der Notfallstab einberufen werden.
- Gravierender Notfall, der große Auswirkungen auf den weiteren Verlauf der Veranstaltung hat. Beispiele: Unwetter mit Personenschaden. Eventuell muss der Notfallstab einberufen werden.
- Gravierende Gesundheitsgefährdung, die große Auswirkungen auf den weiteren Verlauf der Veranstaltung hat. Beispiel: Ungezieferbefall in der Küche. Eventuell muss der Notfallstab einberufen werden.

Kategorie 3
Sollte ein Notfall dieser Kategorie liegen, ist die Einberufung des Notfallstabs unbedingt notwendig:
- Schwerwiegender Unfall mit mehreren schwerverletzten Personen und sehr großen Auswirkungen bis hin zur Absage der Veranstaltung. Beispiele: Busunfall, starker Unwetterschaden. Der Notfallstab muss einberufen werden.
- Schwerwiegende Gewalt mit mehreren schwerverletzten oder bedrohten Personen und sehr großen Auswirkungen bis hin zur Absage der Veranstaltung. Beispiele: Einbruchsituation, Schlägerei.
- Sexualisierte Gewalt bei mindestens einer betroffenen Person. Beispiele: Verdachtsfälle oder Fälle, die beobachtet wurden während einer Veranstaltung. Der Notfallstab muss einberufen werden.
- Plötzlicher Todesfall einer direkt an der Veranstaltung beteiligten Person. Es ist zu beachten, dass Todesnachrichten ausschließlich von der Polizei überbracht werden. Der Notfallstab muss einberufen werden.

3 Einsatz des Notfallstabs

1. Allgemeine Informationen zur Arbeit im Notfallstab

Die Arbeit innerhalb des Notfallstabs wird zuweilen unübersichtlich und von einer Fülle von Informationen geprägt sein. Deswegen ist es unabdingbar, dass jedes Mitglied des Stabs akribisch Protokoll über jede Handlung führt. Es hat sich als sinnvoll herausgestellt, dass jedes Notfallstabmitglied ein kleines Protokollbuch mit sich führt, in dem es in regelmäßigen Abständen seine Handlungen mit Datum, Zeit und Ort einträgt.

Der Notfallstab

- wird durch den Notfallmanager einberufen,
- besteht aus drei Mitgliedern (Leitung, Presse, Pädagogik),
- analysiert den aktuellen Notfall, die noch bestehende Gefahr und daraus resultierende weitere Gefahren,
- ist für den Aufbau eines Kommunikationsnetzwerks zuständig,
- sorgt dafür, dass Angehörige und weitere verbundene Organisationen informiert werden,
- bezieht weitere Personen bzw. Gruppen in die Bearbeitung des Notfalls ein und koordiniert diese,
- bedient sich nötigenfalls weiterer Fachleute,
- übernimmt die Vertretung des Veranstalters gegenüber Dritten,
- sorgt dafür, dass alle Betroffenen auch nach dem Notfall adäquat betreut und unterstützt werden,
- bereitet nach den Erfahrungen mit dem Notfall künftige Präventionsmaßnahmen vor und sorgt für die Umsetzung in der Organisation.

2. Der Notfallstab »Leitung«

Das Umschalten auf »Notfallbetrieb« stellt für alle Mitglieder des Notfallstabs eine besondere Belastung dar. Neben der Koordination kommt auf die Leitung zusätzlich die Sicherstellung des Notfallbetriebs und der damit einhergehenden Notfallstruktur zu. Diese Struktur unterscheidet sich erheblich von anderen sonst üblichen Kommunikationsformen, die von Offenheit und Partizipation geprägt sind. Die Hauptziele bzw. Hauptaufgaben sind:

- Bündelung der Kommunikation,
- Sicherstellung schneller Entscheidungen,
- Konsequentes Handeln.

Um diesen Anforderungen gerecht werden zu können, hat die Leitung des Notfallstabs neben der oben beschriebenen Verantwortung auch eine hohe Kompetenz, die ihr eine Entscheidungsgewalt ohne Rücksprache mit den Entscheidungsträgern der Organisation zuschreibt.

Trotz aller Hektik gilt es, nichts zu überstürzen. Als Hilfestellung für ein schnelles und konsequentes Handeln dienen Ablaufroutinen und die 🗀 **Checkliste Notfallstab - Ablauf einer Sitzung.** Ist vor der Sitzung des Notfallstabs oder während des Notfalls genügend Zeit, sollte diese dazu genutzt werden, das Handeln möglichst im Vorfeld zu strukturieren und sich dabei eventueller Stolpersteine und Schwierigkeiten bewusst zu werden.

Die Leitung des Notfallstabs darf sich nicht am konkreten und aktiven Helfen beteiligen, um immer den eigenen Hauptaufgaben gerecht werden zu können. Der Abstand muss vor allem deshalb gewahrt werden, um sich nicht von den evtl. schrecklichen Bildern emotional beeinflussen zu lassen. Nur so kann gewährleistet werden, dass die Leitung zu klaren Entscheidungen und Aussagen in der Lage ist.

3. Der Notfallstab »Presse«

- Vor einem Gespräch mit einem Vertreter der Presse sollte geklärt werden, welches Anliegen er hat und ob man selbst der richtige Ansprechpartner für das gewünschte Thema ist.
  - Sollte man nicht der richtige Ansprechpartner sein, muss man an die zuständigen Personen verweisen.
  - Ist man der richtige Ansprechpartner, müssen Fragen, die im Verlauf des Interviews gestellt werden, vorher geklärt werden, um sich adäquat vorzubereiten. O-Töne, die viele Journalisten sich wünschen, können zu unüberlegten Aussagen führen, die es zu vermeiden gilt!
- Alle Pressemitteilungen müssen von der Leitung abgesegnet werden.
- Sachlich bleiben. Wichtig: Keine Infos verschweigen! Sollten die Journalisten dann ›Lügen‹ aufdecken, wird es unangenehm!
- Bei Großschadensereignissen ist eine Pressekonferenz sinnvoll.

Cultivate media relations: Beziehungen zu Journalisten pflegen
React appropriately: Angemessen und schnell regieren
Identify spokespeople: Pressesprecher und Experten benennen
Substantiate positions: Umfassend und genau informieren
Investigate facilities: Infrastruktur klären
Specify needs: Plan für den Notfall, Equipment, Mitarbeiter

Das heißt konkret:
- Aktiv und offensiv informieren, nicht mauern.
- Großzügig informieren, auch »Kleinigkeiten« kommunizieren, das schafft Kontinuität und Vertrauen.
- Hauptbotschaften erarbeiten und wiederholen.
- Ggf. Zutritt bzw. Nähe ermöglichen, Bildmotive vorgeben.
- Verständnis für Sorgen der Öffentlichkeit/der Betroffenen zeigen.
- Verantwortung übernehmen durch ›*We care*-Botschaft‹.
- Mitgefühl ausdrücken.
- Nicht spekulieren, nur gesicherte Erkenntnisse kommunizieren.
- Keine vorschnellen Schlüsse ziehen: keine Schuldzuweisungen, Schuldeingeständnisse, Schuldverneinung.
- Vielmehr: Eigenes Interesse an Analyse glaubhaft darstellen.
- Auf Übereinstimmung von aktuellen und früheren Statements achten, ggf. eigene Meldungen korrigieren.
- Auch fehlende Erkenntnisse mitteilen (»Wir wissen noch nicht …«).
- Post-Crisis-Check: Welche Aussagen wurden getätigt? Welche Zusagen wurden gemacht? Sind Probleme identifiziert und ggf. behoben? Sind Konsequenzen gezogen oder können angekündigt werden?

4. Der Notfallstab »Pädagogik«

Die Abteilung *Pädagogik* ist in erster Linie dafür zuständig, Gespräche mit Eltern und Angehörigen zu führen und Hilfe für die Betroffenen einzurichten. Des Weiteren fällt auch die Aufarbeitung des Notfalls nach der akuten Situation in ihr Ressort. Dabei ist der diensthabende Pädagoge nicht auf sich allein gestellt. Er ist natürlich dazu angehalten, die Telefonliste zu nutzen und sich kompetente Unterstützung von außen zu holen. Das Hauptaugenmerk liegt auf der Konstante der Ansprechbarkeit.

Schnelle Hilfe für alle Betroffenen vor Ort
Bei einem Notfall ist schnelle Hilfe für die Betroffen wichtig. Deshalb muss der Seelsorger am Ort des Geschehens, der auf dem Notfallplan vermerkt ist, schnellstmöglich informiert werden. Sollte dieser nicht zu erreichen sein, muss auf die Telefonliste in diesem Handbuch zurückgegriffen werden.

Informationen für die Eltern und Angehörigen
Die Gespräche mit den Angehörigen der möglichen Opfer sollten von der Abteilung *Seelsorge und Pädagogik* in Zusammenarbeit mit dem Ansprechpartner zu Hause (Notfallplan) und den Verantwortlichen des Veranstalters vorgenommen werden, um die Leitenden selbst zu entlasten. Man kann davon ausgehen, dass sie im Notfall emotional zu stark betroffen sind, um die nötige Ruhe zu bewahren.
Des Weiteren werden die Kräfte im Zweifelfall am Ort des Geschehens stark beansprucht. Auf jeden Fall ist zu beachten, dass nicht nur die unmittelbar Betroffenen Hilfe benötigen, sondern dass so bald als möglich auch allen anderen indirekt Betroffenen Hilfe in Aussicht gestellt bzw. angeboten werden sollte.
Bei einem Todesfall ist es Aufgabe der Polizei, die Nachricht an die Angehörigen zu überbringen. Hier kann angeboten werden, die Polizisten zu begleiten, um weiterführende Unterstützungsangebote anzubieten.

Nachsorge für die Betroffenen und deren Angehörigen
Nach der akuten Situation bleiben die Eindrücke des Notfalls meistens sehr präsent und die Betroffenen leiden oft darunter. Hier muss für eine adäquate Nachbetreuung gesorgt werden. Zum einen können Gespräche mit Beratern sinnvoll sein, zum anderen sollten vor allem bei Posttraumatischen Belastungsstörungen externe Fachleute eingesetzt werden.

5. Notfallstab-Aktivierung

Sollte es nötig sein, den Notfallstab zu aktivieren, muss der Notfallmanager zuerst die Leitung aktivieren. Erst im Anschluss wägt er ab, welche beratenden Instanzen (Pädagogik und/oder Presse) außerdem notwendig sind. Die Mitglieder des Notfallstabs sind **[24 Stunden erreichbar]** und innerhalb von **[8 Stunden]** einsatzbereit **[Büro der Organisation]**. Die Telefonnummern und Bereitschaftszeiträume der verschiedenen Personen sind im **[Cloud-Kalender]** »Verfügbarkeit Notfallstab« (s. Nutzung der EDV-Plattform) abfragbar. Die Telefonnummern der Notfallstabsmitglieder sind im **[Cloud-Kalender]** Adressbuch zu finden.

Der Notfallstab trifft sich im **[Büro der Organisation]**, soweit der Notfallmanager nichts anderes vorgegeben hat.

Es ist gegebenenfalls ausreichend, wenn der Notfallstab Telefonkonferenzen durchführt. Dazu kann relativ zeitnah über einen Link ein Telefonkonferenzraum eingerichtet werden **[Internet-Konferenzraum]**. Nach Eingabe der persönlichen E-Mail-Adresse werden innerhalb kurzer Zeit die Zugangsdaten zugeschickt.

Die Leitung des Notfallstabs hat die Entscheidungsgewalt über die anstehenden Schritte. Es müssen keine Absprachen mit der Leitung der Organisation getroffen werden.

Die Abteilung *Pädagogik* wie die Abteilung *Presse* arbeiten in ihrem Bereich weitgehend selbstständig, sind aber der Leitung unterstellt und weisungsgebunden.

Checkliste: Notfallstab - Ablauf einer Sitzung

1. Erstes Treffen des Notfallstabs

1.1 Allgemeine Fragen:

Was ist passiert? (Art der Situation)

Wie viele Personen sind betroffen?

Welche Bereiche sind betroffen?

Sind Personen bedroht oder schon zu Schaden gekommen?

Ist Gefahr im Verzug? Wenn ja, wie schnell kann gehandelt werden?

Wer muss über die Situation in Kenntnis gesetzt werden? Von wem?

Wer sind die Ansprechpersonen vor Ort?

Welche Form der Unterstützung benötigen sie? (pädagogisch/therapeutisch/rechtlich/Öffentlichkeitsarbeit)

Was ist vom Notfallmanager schon installiert worden?

Vereinbarung: Wer informiert wen?

Vereinbarung: Welche Empfehlung geben wir Personen vor Ort?

1.2 Fragen zum Thema sexualisierte Gewalt:

Handelt es sich um Grenzverletzung, Übergriff oder Straftat?

Welche rechtlichen Schritte sich notwendig? Von wem?

Was sind Fakten? Was sind Vermutungen?

2. Erste Informierungsrunde und Rücksprache mit den Ansprechpersonen am Ort des Geschehens

3. Weiteres Treffen des Notfallstabes

Gibt es Neuigkeiten?

Gibt es Reaktionen?

Sind weitere Informationen für das Opfer, die Eltern, die Öffentlichkeit, die Leiter notwendig?

4. Weitere Informierungsrunde

Mit den Betroffenen den Vorfall zum Abschluss zu bringen!

Die Punkte 3 und 4 werden je nach Bedarf wiederholt.

5. Auswertung nach der Krise

Wie ist es gelaufen?

Wo müssen Abläufe optimiert werden?

4 Presse / Kontakte

1. Umgang mit der Presse

Sobald die Presse vor Ort ist oder von einem Verdacht auf sexuellen Missbrauch erfährt, muss der Notfallstab einberufen werden. Außerdem muss die Presse an die Notfallnummer **[Telefonnummer]** verwiesen werden. Aus der Organisation äußert sich niemand gegenüber der Presse. Nur Mitglieder der Abteilung »Presse« des Notfallstabs sprechen mit Journalisten.

Wichtig: Die Presse hat einen Anspruch darauf, Fragen zu stellen und um Antworten zu bitten. Die Presse will nichts Böses und wird freundlich behandelt.

Sollte es sich um einen Notfall der Kategorie 0 oder 1 handeln, darf der Notfallmanager unter zu Hilfenahme der unten aufgeführten Regeln mit der Presse sprechen.

Information für Pressemitteilungen
- Was ist geschehen?
- Wir sind betroffen!
- Wir werden umfassend informieren!
- Wir unterstützen Aufklärung und behördliche Untersuchungen
- Keine Schuldzuweisungen oder Schuldablehnungen!
- Unser Mitgefühl gilt den Opfern (und ggf. den Angehörigen).

Information für Pressekonferenzen
- Umfassende Infos zum Geschehen geben.
- Betroffenheit und Empathie zum Ausdruck bringen.
- Gelegenheit für Rückfragen geben.
- Zum Ausdruck bringen, dass Informationen über die weitere Entwicklung folgen.

Im Falle von sexualisierter Gewalt muss darauf hingewiesen werden, dass die Organisation sich im Bereich Prävention und Schutz von Kindern, Jugendlichen und jungen Erwachsenen engagiert. Bereits in der Grundausbildung der Gruppenleitungen sowie später im Bereich der Aus- und Fortbildung wird das Themenfeld Kindeswohlgefährdung behandelt. Dabei kooperiert die Organisation vor Ort mit den Kinder- und Jugendringen sowie Kommunen (Schutzfachkräften) und berücksichtigt die Regelungen zum Umgang mit sexualisierter Gewalt.

2. Telefonliste mit wichtigen Kontakten

Solche Listen enthalten bundesweit erreichbare Dienste und müssen um die örtlichen Dienste ergänzt werden.

Ansprechpartner für Seelsorge und psychotherapeutische Unterstützung

Organisation	Aufgabenbereich	Kontaktdaten	Erreichbarkeit
Telefonseelsorge	Seelsorge- und Beratungsarbeit	0800-111 0 111 0800-111 0 222	24 Stunden
Gesundheitsamt	Sozialpsychiatrischer Dienst		
Weißer Ring e. V.	Beratung und Betreuung von Kriminalitätsopfern	01803-34 34 34	(Infotelefon)
Kinderschutzbund			
Kinder- und Jugendtelefon	Nummer gegen Kummer	0800-111 0 333	Mo-Fr 14:00-20:00 Uhr
Kommunaler Sozialdienst (KSD)			
Nina-info.de	Infoline Netzwerk und Anlaufstelle zu sexualisierter Gewalt an Jungen und Mädchen	01805-123465	

(Stand 02/2015)

Unterstützung bei Pressefragen

Organisation	Name	Kontaktdaten	Erreichbarkeit

DolmetscherInnen

Name, Organisation	Sprache	Kontaktdaten	Erreichbarkeit

Protokollvorlage

Datum Uhrzeit

Daten der anrufenden Person

Name, Vorname Telefonnummer

Daten der Veranstaltung und der Gruppe

Name der Gruppe/Veranstaltung Veranstaltungsort

Auftrag/Anliegen der anrufenden Person
(»Wer will was, von wem, wann, wie viel, wozu?«)

Bereits eingeleitete Maßnahmen

Weitere Schritte

Uhrzeit/Datum nächstes Telefonat

Abkürzungen

BDKJ	Bund der Deutschen Katholischen Jugend
BKiSchG	Bundeskinderschutzgesetz
DPSG	Deutsche Pfadfinderschaft Sankt Georg
DRK	Deutsches Rotes Kreuz
EKD	Evangelische Kirche in Deutschland
eFZ	erweitertes Führungszeugnis
HACCP	Hazard Analysis an Critical Control Point
JULEICA	Jugendleitercard
LMHV	Lebensmittelhygieneverordnung
MDH	Mindeshaltbarkeitsdatum
NfM	Notfallmanagement
NfMan	Notfallmanager
NfMS	Notfallmanagementsystem
NfSt	Notfallstab
PrävO	Präventionsordnung
PTBS	Posttraumatische Belastungsstörung
StGB	Strafgesetzbuch
SGB	Sozialgesetzbuch

Literatur

Kapitel 1

Bischof, Roland (2009): Wie Profis Sponsoren gewinnen. Basiswissen und Leitfaden für die Praxis. 2. Aufl. Göttingen: BusinessVillage (Edition Praxis.Wissen)

Bischöfliches Generalvikariat Münster, Hauptabteilung Seelsorge (2012): Verantwortungsvoll Gruppen leiten. Rechte und Pflichten eines Gruppenleiters. Arbeitshilfe für die Kursarbeit. Münster

Borsutzky, Andreas (2010): Rechtsfragen in der Jugendarbeit. Düsseldorf: Haus Altenberg (Kompass)

Bund der Deutschen Katholischen Jugend, Landesverband Oldenburg (2012): Von Zeltplätzen, Frikadellen und unliebsamen Gästen. Arbeitshilfe für Verantwortliche von Freizeitmaßnahmen und Küchenteams zum Thema Hygiene. Unter Mitarbeit von Oliver Hölters, Stefan Hölters und Annlen Hunfeld-Warnking. 2. Aufl. Vechta. Online verfügbar unter http://www.bdkj-vechta.de, zuletzt geprüft am 01.02.2015

Bundesministerium für Ernährung, Landwirtschaft und Verbraucherschutz (Hg.): Küchenhygiene (Poster). Online verfügbar unter http://www.bmel.de/SharedDocs/Downloads/Broschueren/Flyer-Poster/Poster-Kuechenhygiene1.pdf?__blob=publicationFile

Burkhard, Udo: Arbeitsschutz-im-Ehrenamt. Aus dem Ehrenamt für das Ehrenamt. Online verfügbar unter http://www.arbeitsschutz-im-ehrenamt.de/, zuletzt geprüft am 01.11.2014

Katholische Bischöfe (2012): Präventionsordnung. Online z. B. unter: http://www.datenschutz-kirche.de/sites/default/files/file/download/Präventionsordnung.pdf

Kirchenamt der EKD (Hg.) (2012): Hinschauen – helfen – handeln. Online unter: http://www.ekd.de/download/20120828_hinschauen_helfen_handeln.pdfHöss, Konrad (2006): Kompass Fundraising. [Wie sag ich's meinem Spender?]. Düsseldorf: Haus Altenberg

Marburger, Horst (2013): Schadenersatzansprüche bei Verstoß gegen die Schadensminderungspflicht. In: Notfallvorsorge 44 (4), S. 30–35

Mayer, Günter (2011): Aufsichtspflicht, Haftung, Versicherung für Jugendgruppenleiter. Ratgeber für Jugendorganisationen und Eltern; richtig handeln, wenn etwas passiert; [die wichtigsten Haftungsfälle mit Vorschlägen zur Vermeidung]. 5. Aufl. Regensburg: Walhalla

N.N. (2013): Das Wichtigste aus der Gesetzgebung. kompakt und verständlich. Regensburg: Walhalla

Rieger, Bärbel; Wagner, Oliver (2011): Im Auge behalten. Rechtliche und versicherungstechnische Tipps. Düsseldorf: Haus Altenberg.

Rund ums Kochen. Rezepte, Planung, Hygiene und mehr (2013). Unter Mitarbeit von Anke Walliser und Alexander Strobel. Stuttgart, Düsseldorf: Buch + Musik; Attenberg

Schilling, Johannes (2010): Rechtsfragen in der Jugendarbeit. Über die rechtliche Absicherung pädagogischer Ziele. 3. Aufl. Weinheim, München: Juventa (Praxishilfen für die Jugendarbeit)

Schmitt, Martin (2010): Betriebliches Notfallmanagement. Maßnahmen zur betrieblichen Gefahrenabwehr und Schadensbegrenzung. Heidelberg: ecomed Sicherheit

Kapitel 2

§ 8a SGB VIII (2012): Schutzauftrag bei Kindeswohlgefährdung. Online verfügbar unter http://www.gesetze-im-internet.de/sgb_8/__8a.html, zuletzt geprüft am 28.07.2014

Bayerisches Landesjugendamt (2012): Empfehlungen zur Umsetzung des Schutzauftrages nach § 8a SGB VIII

Bertels, Gesa; Wazlawik, Martin (2013): Jugendliche und Kinder stärken. Für das Kindeswohl und gegen sexualisierte Gewalt. Düsseldorf: Haus Altenberg

Bistum Münster (5/2014): Ausführungsbestimmungen zu den §§ 3, 5, 6, 7, 8, 9 und 12 der Ordnung zur Prävention gegen sexualisierte Gewalt an Minderjährigen und schutz- oder hilfebedürftigen Erwachsenen für den nordrhein-westfälischen Teil des Bistums Münster (Aufführungsbestimmungen PrävO). In: Kirchliches Amtsblatt für die Diözese Münster

Bistum Münster (5/2014): Curriculum für die Schulungen zur Prävention sexualisierter Gewalt von Kindern und Jugendlichen im nordrhein-westfälischen Teil des Bistums Münster. In: Kirchliches Amtsblatt für die Diözese Münster

Bistum Münster (5/2014): Ordnung zur Prävention gegen sexualisierte Gewalt an Minderjährigen und schutz- oder hilfebedürftigen Erwachsenen für den nordrhein-westfälischen Teil des Bistums Münster (Präventionsordnung), Präventionsordnung. In: Kirchliches Amtsblatt für die Diözese Münster

Bistum Münster (2014): Informationsveranstaltung zur Präventionsordnung, Ausführungsbestimmungen und Curriculum. Risikoanalyse und Verhaltenskodex. Münster

Bund der Deutschen Katholischen Jugend Nordrhein-Westfalen: Informationen zur Vorlagepflicht von erweiterten Führungszeugnissen für ehrenamtlich Tätige in der Jugendverbandsarbeit

Bund der Deutschen Katholischen Jugend Nordrhein-Westfalen und Katholische Landesarbeitsgemeinschaft Kinder- und Jugendschutz Nordrhein-Westfalen e. V. (Hg.): Arbeitshilfe zum Einsatz und Umgang mit erweiterten Führungszeugnissen gemäß § 72a SGB VIII bei Neben- und Ehrenamtlichen in der Jugendverbandsarbeit. Für Mitglieder von Jugendhilfeausschüssen. Düsseldorf

Bundesleitung der Deutschen Pfadfinderschaft Sankt Georg (2013): Arbeitshilfe Aktiv gegen sexualisierte Gewalt. Prävention und Intervention in der DPSG. Hg. v. Deutsche Pfadfinderschaft Stankt Georg. Neuss. Online verfügbar unter http://dpsg.de/de/themen/praevention/downloads-und-links.html, zuletzt geprüft am 17.07.2014

Bundschuh, Claudia (2012): Kinder schützen. Eine Information für ehrenamtliche Gruppenleiter-/innen und Mitarbeiter-/innen in der Kirchen Kinder- und Jugend(verbands)arbeit. 4. überarbeitete Auflage. Düsseldorf/Münster: Bonifatius

Evangelische Kirche in Deutschland (2012): Hinschauen, Helfen, Handeln. Hannover. Online verfügbar unter http://www.ekd.de/missbrauch/hinweise.html

Evermann, Friedhelm; Thünemann, Kurt (Hg.) (2013): Gewaltprävention in der Kinder- und Jugendhilfe. Achte die Grenzen eines jeden Menschen. Oldenburg: win2win

Gesterkamp, Jan Peter (2014): Fortbildung »Erweiterte Führungszeugnisse« am 10. April 2014. Münster

Glöbl, Nicole; Kagermeier, Lucia; Klement, Regina; Kühnlein, Gabriele; Meißner, Florian; Popp, Ulrich et al.: Arbeitshilfe Prävention sexualisierte Gewalt. Hg. v. BDKJ Diözesanverband Regensburg. Frontenhausen. Online verfügbar unter http://www.bdkj-regensburg.de/aktionen-und-themen/praevention-sexualisierter-gewalt/, zuletzt geprüft am 17.07.2014

Goldberg, Brigitta; Huxoll-von Ahn, Martina (2012): Das Bundeskinderschutzgesetz – Inhalte und Umsetzungserfordernisse. Handreichung für Mitglieder von Jugendhilfeausschüssen. Velbert: Engelhardt-Druck

Kirchliches Amtsblatt für die Diözese Münster. Münster: Burlage

Landesjugendring NRW e. V. (2013): Führungszeugnisse bei Ehrenamtlichen. Arbeitshilfe des Landesjugendringes NRW zum Bundeskinderschutzgesetz. Düsseldorf

Lüttringhaus, Maria (2009): Seminarreader Kindesschutz: Gestaltung von Aufträgen und Auflagen im Grau- und Gefährdungsbereich. Hg. v. Lüttringhaus Institut für Sozialraumorientierung, Quartier- und Case-Management. Essen

LVR-Landesjugendamt Rheinland: Vereinbarung nach § 72a SGB VIII

Münder, Johannes (2007): Untersuchung zu den Vereinbarungen zwischen den Jugendämtern und den Trägern von Einrichtungen und Diensten nach § 8a Abs. 2 SGB VIII. Berlin

Slüter, Ralf (2009): Fachberatung nach § 8a SGB VIII in den Kinderschutz-Zentren. Begründet von Bundesarbeitsgemeinschaft der Kinderschutz-Zentren. Köln

Steeger, Petra; Laudage-Kleeberg, Regina (2014): Keine Kür, sondern Pflicht. Beteiligung von Kindern und Jugendlichen in der Prävention sexualisierter Gewalt. In: Jugendhilfe aktuell

Kapitel 3

Amrhein, Christine (2014): Mythos Massenpanik. Menschen geraten gar nicht so schnell außer Kontrolle. Vielen wollen in Notsituationen helfen – und das sollten Sicherheitskräfte nutzen. In: Bild der Wissenschaft (6), S. 76–77

Berghaus, Margot (2011): Luhmann leicht gemacht. 3. Aufl. Köln, Weimar, Wien: Böhlau

Gröschke, Dieter (2005): Psychologische Grundlagen für Sozial- und Heilpädagogik. Ein Lehrbuch zur Orientierung für Heil-, Sonder-, und Sozialpädagogen. 3. Aufl. Bad Heilbrunn: Klinkhardt

Schlippe, Arist von; Schweitzer, Jochen (2013): Lehrbuch der systemischen Therapie und Beratung 1. Das Grundlagenwissen. 2. Aufl. Göttingen: Vandenhoeck & Ruprecht

Tegtmeier, Catri; Tegtmeier, Michael A. (2014): PTBS – das unsichtbare Leid. Posttraumatische Belastungsstörung; Handbuch für Einsatzkräfte und deren Angehörige [E-Book inklusive]. 2. Aufl., Stand Januar 2014. Regensburg: Walhalla

Kapitel 4

Adler, Tine; Igl, Andreas; Herzog, Roland; Knobbe, Martin; Krüsmann, Marion; Rieger, Bärbel; Wagner, Oliver (2009): Kompass Notfallmanagement. Und wenn es doch passiert. Düsseldorf: Haus Altenberg

Aktion Bob (Hg.) (2014): Idee Aktion Bob. Online verfügbar unter http://www.aktion-bob.de/idee.html, zuletzt geprüft am 03.10.2014

Benson, Jim; DeMaria Barry, Tonianne (2013): Personal Kanban, Visualisierung und Planung von Aufgaben, Projekten und Terminen mit dem Kanban-Board, Heidelberg: dpunkt

Berufsgenossenschaft für Gesundheitsdienst und Wohlfahrtspflege – BGW (Hg.) (2005): Verbandbuch. Hamburg: BGW

Deutsches Rotes Kreuz e. V. (Hg.) (2011): Erste Hilfe. Für Ersthelfer im Betrieb. Unter Mitarbeit von Franz Keggenhoff. 9. Aufl. Berlin: DRK-Service

Hermann, Hendrik; Kleinbernds, Christian; Markwardt, Frank; Wiening, Dirk; Böchmann, Ute; Wagner, Thankmar (2010): Notfall-Umschlag. Hg. v. Deutsche Pfadfinderschaft Sankt Georg Diözesanverband Münster. Münster

juleica: juleica.de – das Onlineportal tund um die Jugendleiter/-in Card. Online verfügbar unter http://www.juleica.de/, zuletzt geprüft am 11.10.2014

Karutz, Harald (Hg.) (2011): Notfallpädagogik. Konzepte und Ideen. Edewecht: Stumpf+Kossendey

Lasogga, Frank; Gasch, Bernd (2013): Psychische Erste Hilfe bei Unfällen. 5. Aufl. Edewecht: Stumpf+Kossendey

Pfeiffer, Werner (2005): Fettbrand – Sicherheitsrisiko in der gewerblich genutzten Küche. Online verfügbar unter http://www.sicherheitsmelder.de/xhtml/articleview.jsf;jsessionid=A6239BE1D8267C82DAA94E21A1015F4E.BoorbergSolrappLive?id=42A1DCBEF807.htm, zuletzt geprüft am 11.10.2014

Steinbeis-Hochschule Berlin (Hg.) (2009): Notfall- und Krisenmanagement im Unternehmen. Transfer – Dokumentation – Report. Unter Mitarbeit von Axel Bédé. Stuttgart: Steinbeis-Edition

Theaterschule-Odenwald (Hg.): Verhaltenskodex für alle Mitarbeiter und Mitarbeiterinnen, Ehrenamtliche und Honorarkräfte bei der Arbeit mit Kindern und Jugendlichen. Online verfügbar unter http://theaterschule-odenwald.de/verhaltenskodex-1.html, zuletzt geprüft am 17.07.2014

Vinzenz Heidrich (2009): Erfahrungslernen. Konzepte und Perspektiven in der schulischen und außerschulischen Bildungsarbeit. Diplomarbeit. Katholische Hochschule Nordrhein-Westfalen, Münster

Kapitel 5

Adler, Tine; Igl, Andreas; Herzog, Roland; Knobbe, Martin; Krüsmann, Marion; Rieger, Bärbel; Wagner, Oliver (2009): Kompass Notfallmanagement. Und wenn es doch passiert. Düsseldorf: Verlag Haus Altenberg

Schlippe, Arist von; Schweitzer, Jochen (2013): Lehrbuch der systemischen Therapie und Beratung 1. Das Grundlagenwissen. 2. Aufl. Göttingen: Vandenhoeck & Ruprecht

Schwing, Rainer; Fryzer, Andreas (2009): Systemisches Handwerk. Werkzeug für die Praxis. 3. Aufl. Göttingen: Vandenhoeck & Ruprecht

Download-Material

Checkliste Anmeldeformular 31
Checkliste Auswahl Gruppenleitung 50, 102
Checkliste Ersthelfer 105
Checkliste Risikoanalyse 73
Checkliste Veranstaltungsregeln 39
Checkliste Veranstaltungsvorbereitung 67
Checkliste Verhalten bei sexualisierter Gewalt 45, 52, 108
Checkliste Verhalten im Notfall 104
Checkliste Verhalten im Notfall – Die Stunden danach 107
Checkliste Während der Veranstaltung 103
Curriculum der PrävO 53
Dienstplan-Matrix 119
Gesundheitsbogen 31, 92
Handbuch Notfallmanagement .... 123, 125, 135 ff.
Info Beschwerdemanagement 112
Kalkulations- und Liquiditätsplanung 22
Kanban-Board 127
Modul Notfallmanager .... 118 ff.
Modul Notfallstab .... 118 ff., 121 ff.
Modul Veranstaltungsleitung .... 118 ff.
Muster-Kassenbuch 25
Mustervereinbarung § 8a 50
Mustervereinbarung § 72a 47
Notfallkarten 113
Notfallplan 87
Notizzettel 127
Personenstatus-Board 126
Personenzettel 126
Prüfschema Mustervereinbarung des BKiSchG 51

Selbstauskunftserklärung 51
Teilnahmebedingungen 31
Teilnahmeliste 90
Veranstaltungspass 101
Verhaltenskodex gegen sexualisierte Gewalt 110
Vertraulichkeits- und Datenschutzerklärung 33, 116

Link unter:
www.v-r.de/Notfallmanagement
Code für Download-Material:
Ku3a8@[5